Liza Haglund
Gedankenspiele

omnibus

Foto: © Cato Lein

DIE AUTORIN

Liza Haglund hat Theoretische Philosophie und Wissenschaftstheorie studiert. Sie arbeitet als Buchautorin und Philosophiedozentin und lebt mit ihrer Familie in Stockholm.

Liza Haglund

Gedankenspiele

Philosophie für Kinder

Aus dem Schwedischen
von Knut Krüger

Illustriert von
Don-Oliver Matthies

Mit einem Vorwort
von Rüdiger Safranski

omnibus

OMNIBUS
ist der Taschenbuchverlag für Kinder
in der Verlagsgruppe Random House

FSC
Mix
Produktgruppe aus vorbildlich
bewirtschafteten Wäldern und
anderen kontrollierten Herkünften

Zert.-Nr. SGS-COC-1940
www.fsc.org
© 1996 Forest Stewardship Council

Verlagsgruppe Random House FSC-DEU-0100
Das für dieses Buch verwendete FSC-zertifizierte
Papier *Munken Print* liefert Arctic Paper
Munkedals AB, Schweden.

1. Auflage
Erstmals als OMNIBUS Taschenbuch Februar 2007
Gesetzt nach den Regeln der Rechtschreibreform

Die schwedische Originalausgabe erschien 2001
unter dem Titel »Att Tänka noga« bei
Rabén & Sjögren Bokförlag, Stockholm
Übersetzung: Knut Krüger
Lektorat: bookpartner, Claudia Lange
Anhang: bookpartner, Susanne Rebscher
Innenillustrationen: Don-Oliver Matthies
Porträts im Anhang: Ute Simon
Umschlagbild: Dieter Wiesmüller
Umschlaggestaltung: Basic-Book-Design,
Karl Müller-Bussdorf
he · Herstellung: CZ
Satz: Uhl + Massopust, Aalen
Druck und Bindung: GGP Media GmbH, Pößneck
ISBN 978-3-570-21721-4
Printed in Germany

www.omnibus-verlag.de

Inhalt

Vorwort

Von einem Philosophen des griechischen Altertums, Thales von Milet, wird die folgende Anekdote erzählt: Er ging seines Weges und blickte dabei nachdenklich zum Sternenhimmel empor. Eine Magd beobachtete ihn, wie er in eine Grube fiel, weil er nicht auf den Weg achtete. Sie lachte ihn aus. So sind die Philosophen, dachte sie, weltfremd blicken sie in die Ferne und sehen nicht, was in der Nähe, was vor ihren Füßen ist.

Dieses Buch *Gedankenspiele* zeigt uns, dass philosophisches Denken nicht wirklichkeitsfremd sein muss. Philosophieren kann jeder, denn jeder »spielt« mit Gedanken. Wie geht das? Zum Beispiel so: Die Eltern sagen: »Gehe heute Abend nicht in die Disko!«, der Freund oder die Freundin bitten: »Komm mit!«

Wenn man überlegt, was man selbst will, dann ist das so, als würde man einen Film anhalten und in Gedanken durchspielen, wie er weitergehen könnte. Philosophieren heißt, einen Augenblick innezuhalten und zu überlegen. Man probiert im eigenen Kopf aus, was man selbst will und was die anderen wollen. Man denkt über sich nach, denkt sich in die anderen hinein, und schließlich überlegt man: »Wer bin ich eigentlich und wozu das Ganze?« Zugegeben, das ist manchmal nicht leicht. Warum? Weil man dabei vom Hundertsten ins Tausendste kommt. Das ist aber kein Nachteil, es kann sogar zu spannenden Entdeckungen führen. Dieses Buch ist eine Einladung zu einer Abenteuerreise im eigenen Kopf.

Übrigens: Unser antiker Philosoph Thales war nicht in die Grube gefallen, sondern in ein Loch gestiegen, das er sich selbst gegraben hatte, weil er von dort aus besser den Nachthimmel beobachten konnte. So wurde er der Begründer der Astronomie. Wahrscheinlich hat er über die lachende, aber ahnungslose Magd – selbst gelacht. Für Philosophen und solche, die es werden wollen, gilt: Wer zuletzt lacht, lacht am besten.

Rüdiger Safranski
Berlin, im November 2003

Einleitung

Philosophie kannst du dir als etwas vorstellen, das man tut. Man denkt über Fragen nach, die sich oft hinter ganz alltäglichen Dingen verbergen und dennoch ziemlich kompliziert sind. Beim Lesen dieses Buches wirst du auf viele Fragen stoßen, die weder deine Eltern noch deine Lehrer beantworten können. Nicht einmal der Direktor deiner Schule wird eine Antwort auf sie wissen. Vielleicht werden die Erwachsenen sagen, sie glauben, dass sich eine Sache so oder so verhält. Aber wenn sie sagen, dass sie es wissen, dann lügen sie. Oder sie haben eben nicht gründlich genug nachgedacht.

Philosophen

Einige Menschen arbeiten als Philosophen. Sie gehen zur Arbeit und denken. Hört sich ganz nett an, oder? Aber später müssen sie aufschreiben, worüber sie nachgedacht haben, mit ihren Kollegen darüber reden und lesen, was diese wiederum geschrieben haben. Das ist ziemlich anstrengende Denkarbeit. Doch auch für Menschen, die nicht von Beruf Philosoph sind, ist es wichtig, nachzudenken, zu philosophieren.

Warum? Weil jeder, der an der Wahrheit interessiert ist, nachdenken muss, um die Zusammenhänge zu erkennen. Außerdem ist es wichtig, weil *denken* auch mit *tun* zusammenhängt.

Immer wieder nachdenken

Philosophieren heißt, über etwas nachzudenken. Fragen zu stellen und den Dingen auf den Grund zu gehen. Nichts als gegeben hinzunehmen. Innezuhalten und noch einmal nachzudenken, weitere Fragen zu stellen und kritisch zu sein. Du solltest auch dem Inhalt dieses Buches kritisch gegenüberstehen.

Man kann sagen, dass wir philosophieren, wenn wir Dinge hinterfragen, die wir für wahr halten oder als gegeben hinnehmen.

Was bedeutet Philosophie?

Der Begriff »Philosophie« geht auf die griechischen Wörter *phílos* und *sophía* zurück. *Phílos* bedeutet »liebend« oder »Freund« und *sophía* »Weisheit«. Philosophie heißt wörtlich übersetzt also »Freund der Weisheit« oder »Liebe zur Weisheit«.

Die so genannte abendländische Philosophie ist während der Antike entstanden, die ungefähr 600 Jahre vor Christi Geburt begann. Aus der Philosophie haben sich im Laufe der Zeit viele verschiedene Wissenschaften entwickelt.

1

Was du wissen musst, bevor du beginnst

Wie lese ich dieses Buch?

In diesem Buch tauchen verschiedene Arten von Problemen auf. Doch sind sie alle nur ein kleiner Teil eines großen Gebietes – wie der Ausschnitt einer Landkarte. Manche Passagen werden klar und einleuchtend sein, während dir andere zunächst unbegreiflich erscheinen werden. Aber wer versteht schon alles beim ersten Mal?

Ein Philosophiebuch muss anders gelesen werden als ein normales Buch. Normale Bücher lassen sich manchmal ziemlich schnell lesen und nur in besonderen Fällen nimmt man sie ein zweites Mal zur Hand. Mit Philosophiebüchern ist das anders. Du kannst erst einmal ein ganzes Kapitel in einem Zug lesen. Denke anschließend darüber nach, wovon das Kapitel gehandelt hat. Dann liest du es noch einmal langsam, Abschnitt für Abschnitt.

Das Besondere an der Wissenschaft Philosophie ist, dass man nicht in die Welt hinausgehen muss, um sie zu erforschen. Eine philosophische Frage lässt sich vom Sessel aus beantworten. Natürlich kann man nicht völlig außer Acht lassen, wie es in der Welt aussieht. Aber die

Philosophie unterscheidet sich darin von anderen Wissenschaften, dass es in erster Linie darauf ankommt, sitzen zu bleiben und nachzudenken.

Was brauche ich?

Stell dir vor, du würdest auf eine einsame Insel fahren. Du hast vor, einige Zeit dort zu bleiben, und willst dir unter anderem eine Hütte bauen. Natürlich nimmst du ein paar Werkzeuge mit, die dir die Arbeit erleichtern. Eine Säge wäre von Nutzen, um Holz zu zerkleinern. Dazu Hammer und Nägel, um die Einzelteile zusammenzusetzen.

Distinktion

Um philosophische Arbeit zu verrichten, braucht man ebenfalls Werkzeug. Aber kein »normales«, das man sehen oder anfassen kann, sondern *Gedankenwerkzeug*. Philosophen benutzen oft eine ganz bestimmte Säge, eine Gedankensäge, die »Distinktion« heißt. »Distinktion« bedeutet »Unterscheidung«. Man trennt das eine vom anderen, ungefähr so, wie man eine richtige Säge nimmt, um ein Brett in zwei Stücke zu teilen.

Du machst eine Unterscheidung, wenn du sagst: »Basketballschuhe sind keine Joggingschuhe«, »Lesezeichen sind keine Sammelbilder«, »ein Mond ist kein Stern«. Du unterscheidest Dinge voneinander, sägst etwas auseinander, das nicht zusammengehört.

Argument

Das Wort »Argument« kann verschiedene Bedeutungen haben, eine von ihnen ist »Grund« oder »Begründung«. Wenn man ein Argument verwendet oder einen Grund angibt, sagt man, wie man zu einer gewissen Annahme gekommen ist. Ein Argument ist für den Philosophen wie Hammer und Nagel.

Es ist schwierig zu beschreiben, was ein gutes Argument ausmacht. Auf jeden Fall sollte es überzeugend und bedeutsam sein. Nimm einmal an, jemand würde folgendes Argument verwenden, um zu beweisen, dass es neun Planeten gibt:

»Der menschliche Körper hat neun Öffnungen, also gibt es im Weltraum auch neun Planeten.«

Überlege dir, ob dies ein überzeugendes Argument ist. Ist es relevant, das heißt, ist es für die Sache von Bedeutung?

Gedankenspiele

Philosophen führen oft *Gedankenspiele* durch. Gedankenspiele setzen voraus, dass wir bereits einiges über die Welt wissen. In der Fantasie können wir dann beliebig die Bedingungen ändern und neue Situationen entstehen lassen. Wir machen uns ein Bild, indem wir uns andere Umstände vorstellen und sie in Gedanken durchspielen.

2

Wer bin ich?

Hast du schon einmal jemanden sagen hören: »Sei einfach du selbst«? Viele Erwachsene scheinen zu glauben, alles regele sich schon zum Besten, solange man ganz man selbst ist. Man gewinnt eine Menge Freunde, redet ohne die geringsten Probleme vor der ganzen Klasse und braucht sich keine Gedanken darüber zu machen, ob man dazugehört oder nicht. »Versuche nicht, ein anderer zu sein.« Das ist leicht gesagt. Aber was heißt das eigentlich, man selbst zu sein?

Vom Baby zum Erwachsenen

Im Laufe unseres Lebens machen wir eine umfangreiche Entwicklung durch. Erst ist man ein Baby, aber ehe man sich's versieht, kommt man schon zur Schule. Man wird älter, kommt auf neue Gedanken, Aussehen und Geschmack verändern sich. Der Körper wächst und entwickelt sich, was an sich nicht erstaunlicher ist als die Verwandlung einer Schmetterlingsraupe in einen wunderschönen Schmetterling. Doch mit zunehmendem Alter fragt man sich mehr und mehr, was sich *nicht* verändert hat. Was ist es, das *dich* dein Leben lang kennzeichnet und immer typisch für dich bleibt?

Dieselbe Person?

Stell dir vor, jemand sagt: »Tu das nicht! Es liegt in deinem eigenen Interesse. Später wirst du dich darüber ärgern.« Oder: »Wenn du deine Zahnspange nicht trägst, wirst du als Erwachsener darunter leiden.« Aber ist das so sicher? Ist wirklich gesagt, dass die Person, die du heute bist, in zehn Jahren unter schiefen Zähnen leiden wird? Was ist es, das dich angeblich dieselbe Person sein lässt, die du heute bist?

Verantwortung?

Angenommen, du bist zwölf Jahre alt und mit deinen Freunden zusammen auf der Straße. Ihr findet ein teures Handy und beschließt, es nicht bei der Polizei abzugeben. Thomas verkauft es einem Jungen in der Stadt und ihr teilt euch das Geld.

Nach mehreren Jahren ruft ein Polizist bei euch an, der sagt, er wisse, dass du Geld für ein gestohlenes Handy angenommen hast.

»Das ist doch schon so lange her, damals war ich erst zwölf. Heute bin ich ein völlig anderer Mensch«, versuchst du zu argumentieren.

»Tja«, entgegnet der Polizist, »aber du bist es doch gewesen, oder?«
Wie lange, findest du, sollte man für Handlungen der Vergangenheit verantwortlich gemacht werden können?

Dasselbe Schiff?

Denk dir ein Schiff, das *Wasa* heißt. Einige alte und morsche Teile sind seit dem Bau des Schiffes bereits ausgetauscht wor-

den. Es hat ein paar neue Planken erhalten, sieht aber immer noch aus wie das alte Schiff. Nach einer Weile werden weitere Planken erneuert. Der Mast bricht, also muss ein neuer her. Schließlich werden auch die restlichen Planken ausgetauscht, sodass sich keine einzige der ursprünglichen Planken mehr an Bord befindet. Alle sind im Laufe der Zeit durch neue ersetzt worden.

Handelt es sich immer noch um das Schiff *Wasa*?

Stell dir vor, alle neuen Planken der *Wasa* stammten von einem Schiff namens *Sara*. Wie soll das Schiff jetzt heißen? *Wasa* oder *Sara* oder …?

Tele-Transporteur

Stell dir vor, man könnte in der Zukunft mittels eines Tele-Transporteurs andere Planeten besuchen. Diese Maschine ermittelt exakte Daten deines Körpers und deines Gehirns und schickt die Signale an einen Empfänger, der sich beispielsweise auf dem Mars befindet. Dort wird eine identische Kopie von dir erstellt – Gedächtnis, Gefühle, alles ist wie beim Original. Dein Ich auf der Erde wird schmerzlos entsorgt. Viele Menschen reisen zukünftig auf diese Weise. Du hast die Maschine bisher allerdings nicht benutzt, weil du deinen alten Körper nicht verlieren willst. Aber die Technik entwickelt sich weiter, sodass es eines Tages nicht mehr nötig ist, den alten Körper zu entsorgen. Man kann sogar vom Mars auf der Erde anrufen und mit sich

selbst telefonieren. Du findest, das hört sich gut an, betrittst die Maschine und drückst auf den Knopf.

Was geschieht mit dir?

Eines Tages tritt ein technischer Fehler auf. Ein Teil deines Ichs auf der Erde ist bei der Übermittlung der Daten beschädigt worden, sodass du am nächsten Tag sterben musst. Aber die Kopie auf dem Mars ist unbeschadet. Du kannst also jederzeit zur Erde zurückkehren und dein dortiges Leben fortsetzen, bei deiner Familie wohnen und mit deinen Freunden spielen. Alle Gefühle und Gedanken sind originalgetreu vorhanden. Obwohl du vielleicht das Gefühl hast, es handele sich nur um eine Kopie, während dein wahres Ich auf der Erde sterben muss.

Doch andererseits, was fehlt der Kopie? Erinnere dich, dass die Kopie exakt dieselben Eigenschaften besitzt wie du selbst.

3

Andere Menschen

Jeden Tag begegnest du anderen Menschen. Eltern, Lehrern, Freunden; Leuten, die in Geschäften arbeiten. Daran ist nichts Ungewöhnliches. Wenn man aber seine Umwelt nicht unkritisch hinnehmen will, stellt sich die Frage, was es mit diesen Menschen auf sich hat. Erleben sie die Welt auf dieselbe Art wie du?

Das richtige Argument

In einem Schaufenster siehst du ein paar supercoole blaue Turnschuhe und rufst deinem Freund zu: »Hey, sehen die nicht total cool aus?« Und dein Freund antwortet: »Echt super, und Blau ist sowieso meine Lieblingsfarbe!«

Wie kannst du wissen, dass dein Freund Blau genauso erlebt wie du? Was für dich blau ist, könnte für ihn grün aussehen. Es scheint auch kein Mittel zu geben, dies wirklich herauszufinden. Was kannst du also für Gründe oder Argumente anführen, die darauf schließen lassen, dass dein Freund die Welt ungefähr so erlebt wie du selbst?

Kein Einblick

Wir können nicht in das Bewusstsein anderer Menschen hineinblicken. Du siehst deine Freunde lachen, doch gleichzeitig reden sie, als wären sie traurig oder würden an etwas ganz anderes denken.

Man kann sagen, dass es einem gut geht, obwohl man sich schlecht fühlt.

Du kannst nie wirklich sicher sein, was anderen Menschen gerade durch den Kopf geht.

Roboter

Stell dir einen anderen Planeten vor, auf dem es Roboter gibt, die so aussehen und sich so verhalten wie wir. Sie bestehen aus einem Material, das von einem menschlichen Körper nicht zu unterscheiden ist. Aber als hoch entwickelte Computer haben Roboter keine richtigen Gedanken oder Gefühle, sondern sind ausschließlich dazu da, alle Erscheinungen auf der Erde zu registrieren.

Wie kannst du herausfinden, inwiefern sie sich von dir unterscheiden?

4

Sprache

Die Philosophie ist ein Kampf gegen die Verhexung unseres Verstandes durch die Mittel der Sprache.

(Wittgenstein)

Hast du schon einmal darüber nachgedacht, wie wichtig Sprache für uns ist? Wir benutzen sie täglich, und wer jemals versucht hat, einen ganzen Tag lang zu schweigen, der weiß, wie schwierig das sein kann, wenn sich andere Menschen in der Nähe befinden. Noch schwieriger, wenn nicht gar unmöglich ist es, den ganzen Tag lang keinen einzigen Gedanken zu denken.

Stell dir vor, du wärst unter den Tieren des Dschungels aufgewachsen. So wie Mowgli im *Dschungelbuch* bist du ausschließlich von Tieren umgeben.

Kein Mensch ist in deiner Nähe.

Glaubst du, du würdest lernen, wie ein Mensch zu sprechen, obwohl du ausschließlich unter Tieren lebst?

5

Was Wörter bedeuten

Manche Wörter bezeichnen Gegenstände wie »Tisch«, »Stuhl« oder »Kamera«. Andere benennen verschiedene Eigenschaften von Dingen: grün, weich, warm, schmutzig. Einige Wörter stehen für Ereignisse wie »Klassenparty« oder »Prügelei« oder für Orte wie »Paris«, »Berlin« oder den »Mond«. Wörter können Namen von Menschen sein wie »Katharina« oder »Alexander«. Aber wie können Wörter von der Welt handeln? Wie erhalten sie eine Bedeutung?

Vielleicht erhalten Wörter eine Bedeutung, weil sie den Tatsachen entsprechen. Es ist sinnvoll zu sagen: »Der grüne Stift liegt auf dem Tisch«, denn der Gegenstand, der dort liegt, heißt »Stift«, er hat eine Farbe, die wir »Grün« nennen, und er liegt auf einem Ding, das wir als »Tisch« bezeichnen. Aber so einfach ist es nicht.

Tatsachen?

Wenn wir Wörter und Sätze verstehen, weil sie den Tatsachen entsprechen, wie verhält es sich dann beispielsweise mit folgender Aussage: »An meinem Fenster fliegen vier Meerjungfrauen vorbei.« Welcher Tatsache entspricht das?

Neue Sätze

Wenn jemand sagt: »Hulan fintela bordat«, dann glaubst du entweder, bei ihm ist eine Schraube locker, oder, er spricht eine fremde Sprache. Aber den Satz »Er hat fantastische klarblaue Gedanken« kannst du verstehen, obwohl du das Wort »klarblau« noch nie gehört hast. Woher kommt das?

Vom Einzelnen zum Ganzen

Wir sind in der Lage, eine neue Wortkombination wie »klarblaue Gedanken« zu verstehen, weil wir jedes einzelne Wort bereits kennen und ungefähr wissen, wie man aus Wörtern neue Sätze bildet. Aber das erklärt noch nicht, wie man die Bedeutung jedes einzelnen Wortes festlegt.

Wörterbücher

Dass man die Bedeutung jedes Wortes lernen kann, indem man in Wörterbüchern nachschlägt, ist nicht wahr. Der »Teufelskreis« ist ein Spiel, das angeblich einige Sprachphilosophen in den Fünfzigerjahren des 20. Jahrhunderts gespielt haben. Du kannst es selbst ausprobieren. Schlag das Wort »existieren« in einem Wörterbuch nach. Es kann übrigens von Vorteil sein, die Bedeutung des Wortes »existieren« zu kennen, denn die Frage, was existiert, hat Philosophen zu allen Zeiten beschäftigt. Dem Wörterbuch zufolge bedeutet »existieren« so viel wie »vorhanden sein«, »da sein« oder »bestehen«. Als Nächstes kannst du unter »bestehen« nachschlagen. Vermutlich kannst du so lange weiter nachschlagen, bis du wieder am Anfang landest. Versuche es auch mit den Wörtern »Wahrheit« und »Wirklichkeit«. Interessant ist außerdem, wie unterschiedlich verschiedene Wörterbücher dasselbe Wort erklären.

Ideen

Eine andere Erklärung könnte sein, dass Wörter in unserer Sprache eine bestimmte Bedeutung haben, weil sie Vorstellungen entsprechen, die wir durch unsere Sinneseindrücke erworben haben.

Stell dir vor, du gehst in eine Pizzeria und bestellst eine Pizza. Sie liegt auf deinem Teller und sieht gut aus. Sie duftet verführerisch und ist sehr warm, als du dir ein Stück in den Mund schiebst. Das Erlebnis hinterlässt einen *Eindruck* bei dir und aufgrund dieses Eindrucks erhält das Wort »Pizza« eine Bedeutung. Wenn du es später hörst, weißt du, was es bedeutet, denn selbst wenn du nicht in der Pizzeria sitzt, kannst du dich daran erinnern, wie es war, als du die Pizza gegessen hast. Es ist nicht ganz so intensiv wie das Erlebnis, wirklich in der Pizzeria zu sitzen, eher wie eine schwache Kopie. Solche Kopien kann man als »Ideen« bezeichnen.

Ist Jahrmarkt gleichbedeutend mit Übelkeit?

Nimm einmal an, du bist auf dem Jahrmarkt gewesen. Dir war übel und du warst erschöpft. Jedes Mal wenn jemand das Wort »Jahrmarkt« in den Mund nimmt, erinnerst du dich an das Gefühl der Übelkeit. Obwohl du nicht sagen würdest, dass das Wort »Jahrmarkt« gleichbedeutend mit »Übelkeit« und »Müdigkeit« ist.

Oder stell dir vor, ein Hund – sagen wir, ein schwarzer Hund – pinkelt an einen Baum.

Musst du immer an diesen schwarzen Hund denken, wenn jemand das Wort »Hund« sagt? Muss man für alle erdenklichen Hundefarben verschiedene Ideen im Kopf haben? Oder für alle Hunderassen?

Eine Reihe von Ideen

Falls Wörter Ideen entsprechen, wie ist es dann zu erklären, dass wir in der Lage sind, so schnell zu sprechen? Verfügen wir über eine ganze Reihe von Ideen, die beim Sprechen rein zufällig in die richtige Reihenfolge kommen? Manchmal erleben wir sogar, dass wir etwas sagen, worüber wir noch gar nicht nachgedacht haben. Wie ist das möglich?

Sprache ist keine Privatsache

Manche meinen, Sprache erhalte eine Bedeutung, wenn wir Dinge gemeinsam mit anderen erleben. Dass Sprache mit Sinn erfüllt werde, indem wir sie benutzen. Dass es nichts in uns gebe, keine Ideen oder Ähnliches, das den Wörtern von vornherein eine Bedeutung verleiht.

Wörter werden geschaffen

Stell dir vor, du lebst mit hundert anderen Kindern auf einer Insel. Einige haben angefangen, ein neues Wort zu benutzen, das die anderen nicht kennen. Sie sprechen von »Rollsteinen«. Manche Kinder glauben zu wissen, was die anderen meinen, wenn sie von »Rollsteinen« reden. Sie wollen sich keine Blöße geben und benutzen das Wort für verhältnismäßig runde Steine, die gut rollen. Die Verwendung des Wortes breitet sich aus und schließlich hört man es beinahe überall. Gut, dass es dieses

Wort gibt, denn so kann man präziser ausdrücken, was man meint. Ein Rollstein ist schließlich kein gewöhnlicher Stein.

Aber dann weisen einige Kinder darauf hin, dass du das Wort nicht korrekt benutzt. Ein »Rollstein« bezeichnet nämlich einen Stein, der im Gegensatz zu anderen Steinen in einer exakt geraden Linie rollt. Die Gruppe, die das Wort zuerst benutzte, studierte eine Menge Steine und erfand dabei viele neue Wörter. Alle anderen, also die meisten der Inselkinder, haben an solchen Spitzfindigkeiten in Bezug auf Steine kein Interesse; nur das Wort »Rollsteine« gefällt ihnen.

Wer von den Kindern hat das Recht, über die Bedeutung eines Wortes zu entscheiden? Was bedeutet »Rollstein« wirklich? Und warum?

Gleichheit

Es erscheint praktisch, dasselbe Wort für dieselbe Sorte von Dingen zu benutzen. Hätte jedes Ding einen eigenen Namen, gäbe es unendlich viele Namen. Woher sollten all die verschiedenen Dinge ihre Namen bekommen, und woher sollten wir zum Beispiel beim Einkaufen noch wissen, wonach wir fragen sollen? Stell dir vor, jeder Apfel hätte einen eigenen Namen! Kannst du dir vorstellen, welche Konsequenzen das nach sich ziehen würde?

Kategorien

Wir unterteilen Dinge und Ereignisse in verschiedene *Kategorien*: Kleider, Bücher, Bäume, Tiere und Fußballspiele zum Beispiel. Jeder Kategorie ordnen wir Dinge und Ereignisse zu, die einander ähnlich sind. Manche Kategorien können wir in weitere Kategorien unterteilen: Tiere beispielsweise in Insekten, Fische, Pelztiere und so weiter. Aber es ist nicht immer einfach zu sagen, welche Dinge sich ähnlich sind. Es kann auch schwierig sein zu begründen, warum Dinge, die verschieden erscheinen, zur selben Kategorie gehören.

Verschiedene Kategorien

Ponys kann man in verschiedene Kategorien, zum Beispiel nach Rasse und Farbe, unterteilen. Bei einem Wettbewerb würde man sie außerdem nach den Größenordnungen A, B, C und D unterscheiden: Zur Größenordnung A gehören die kleinsten, zu D die größten Ponys.

Fehlerhafte Kategorien

Wenn du sagst, du möchtest Süßigkeiten und außerdem Weingummi, Lakritze und Schokolade kaufen, hört sich das merkwürdig an, denn Weingummi, Lakritze und Schokolade gelten ohnehin als Süßigkeiten. Sie gehören bereits zur Kategorie »Süßigkeiten«.

Einteilungen

Bitte jemanden, zwölf Spielsachen in eine Tasche zu legen. Später willst du sie zu drei Haufen sortieren. Auf jedem Haufen sollen sich Sachen befinden, die sich ähneln. Sieh dir die Spielsachen genau an, bevor du mit dem Sortieren beginnst.

Bitte danach einen Freund, dasselbe zu tun, ohne ihm jedoch dein Ergebnis zu zeigen.

Hat er genauso sortiert wie du?

Indem du die Spielsachen verschiedenen Haufen zugeordnet hast, hast du gewissermaßen verschiedene *Kategorien* geschaffen.

Warum hast du so und nicht anders sortiert?

Man hätte es auch anders machen können. Gibt es Kombinationen, die besser sind als andere, und wenn ja, warum sind sie besser?

Versuche, aus jedem Haufen zwei neue Haufen zu bilden. So bekommst du sechs anstelle von drei Haufen. In jedem Haufen sollen sich wiederum ähnliche Sachen befinden.

Erschaffen wir die Wirklichkeit?

Wenn wir miteinander sprechen, scheint es vor allem darauf anzukommen, einander zu verstehen und ungefähr darin übereinzustimmen, wie wir Dinge, Ereignisse, Plätze und Personen bezeichnen.

Oder verhält es sich so, dass wir Ereignisse, Plätze und andere Phänomene erst erschaffen, indem wir ihnen Namen geben, während wir sprechen? Gäbe es den »Heiligen Abend«, wenn wir für diesen Tag kein Wort hätten? Was macht den Heiligen Abend zum Heiligen Abend?

Andere Kategorien

Stell dir vor, du unternimmst mit deinen Freunden auf der Insel eine längere Expedition. Nach mehrtägiger Wanderung entdeckt ihr ein Volk, das in einer Art Stadt arbeitet. Sie sehen vollkommen anders aus als ihr. Sie tragen seltsame Kleider, haben lange Haare und sprechen eine Sprache, die ihr nicht kennt. Ihr nehmt Kontakt zu ihnen auf. Die Menschen wirken freundlich, verstehen aber nicht einmal, was ihr wollt, wenn ihr ihnen die Hand entgegenstreckt. Sie haben offenbar eine andere Art, sich zu begrüßen.

Plötzlich hoppelt ein Kaninchen vorbei. Ein Mann ruft:

»Gavagai! Gavagai!«

»Seht ihr«, sagt Adam, »jetzt kennen wir schon eines ihrer Wörter. ›Gavagai‹ bedeutet ›Kaninchen‹.«

»Vielleicht sehen wir noch mehr Kaninchen«, sagt Sara. »Dann können wir überprüfen, ob das wirklich stimmt.«

Später dürft ihr sie in eine Höhle begleiten, in der einige Männer damit beschäftigt sind, eine Mahlzeit zuzubereiten. Drei tote Kaninchen liegen neben einem großen Kochtopf.

»Gavagai, gavagai«, sagt Adam und zeigt auf die Kaninchen.

»Gavagai«, entgegnet einer der Männer.

»Da seht ihr's«, sagt Adam und sieht zufrieden aus.

Die Menschen dieses fremden Volkes haben die Welt vielleicht vollkommen anders unterteilt, als wir es tun. »Gavagai« bedeutet möglicherweise »Teil des Waldes« oder etwas, das wir uns nicht einmal vorstellen können. Vielleicht gibt es mehrere mögliche Übersetzungen für »Gavagai«, und wer könnte entscheiden, welche die richtige ist?

Kannst du dir vorstellen, dass die Menschen in anderen Ländern die Welt in ganz andere Kategorien einteilen als wir?

Wir erschaffen die Sprache

Es gibt keine bestimmte Anzahl von Wörtern mit genau festgelegter Bedeutung. Immer wieder werden neue Wörter in den Sprachgebrauch aufgenommen und der Sinn alter Wörter kann sich verändern. Das Wort »E-Mail« zum Beispiel gab es noch nicht, als deine Eltern Kinder waren. Wir Menschen sind es, auch du und deine Freunde, die Sprache erschaffen. Es wissen nicht alle, dass »krass« auch »toll« bedeutet. Wie lange es dauert, bis ein neues Wort im Wörterbuch landet, falls es überhaupt dort landet, ist schwer zu sagen.

Wörterbücher geben darüber Auskunft, wie Wörter definiert und benutzt werden (lies über »Definitionen« auf

Seite 39). Über deren eigentliche Bedeutung oder darüber, dass sich die Bedeutung verändern kann, sagen sie nichts.

Kann man überhaupt Fehler machen?

In der Schule bekommt man es als Fehler angerechnet, wenn man nicht weiß, was ein Wort bedeutet, oder wenn man es falsch benutzt. Aber wie kann man überhaupt einen Fehler machen, wenn es wir Menschen sind, die die Sprache erschaffen?

Grammatik

Im Deutschunterricht lernst du, dass es vier Fälle gibt. Doch in manchen anderen Sprachen gibt es viel mehr Fälle! Das kommt daher, dass die Grammatik nicht von Gott, sondern von den Menschen geschaffen wurde. Falls du einmal Sprachforscher werden solltest, gelangst du vielleicht zu der Auffassung, dass sechs oder vielleicht sogar 13 Fälle ideal wären.

Stell dir vor, du stehst auf einem freien Feld. Es weht eine leichte Brise. Denke nach: Könnte es auch »Der Wind plätschert« statt »Der Wind weht« heißen?

6

Sprache als Werkzeug

Präzisierung

Manchmal ist es besonders wichtig, auf die Wahl seiner Worte zu achten. Vielleicht sollte man sich aber immer so genau und präzise ausdrücken, dass Missverständnisse vermieden werden.

Ein Beispiel: Leo sagt: »Die Schule ist schlecht.« Es versteht sich nicht von allein, was mit »schlecht« gemeint ist. Verschiedene Deutungen sind möglich. Hast du einen Vorschlag?

Spezifizierung

»Ich kaufe Gemüse ein« ist eine sehr allgemeine Aussage. »Ich kaufe Gurken und Tomaten« sagt genauer, um welches Gemüse es sich handelt. »Landgurken und Strauchtomaten« ist noch exakter. Indem du eine Auswahl aus der Kategorie Gemüse triffst, spezifizierst du, das heißt, du legst genauer fest, welche Sorten du meinst.

Wieder Distinktion

Wie wir am Anfang gesehen haben, bedeutet »Distinktion« in etwa »Unterscheidung«. Distinktionen sind aber nicht nur eine Art Gedankenwerkzeug, das du zu deinem eigenen Vergnügen benutzt. Sie sind eine wichtige Hilfe im Gespräch mit anderen. Eine wichtige Distinktion ist zum Beispiel die zwischen Form und Inhalt. Wenn du mit einem Freund über einen Film diskutierst, dann hat dir vielleicht sein *Inhalt* gefallen. Du mochtest die Handlung und die Botschaft des Films. Doch mit der *Form* konntest du möglicherweise nicht so viel anfangen, weil ständig zwischen Gegenwart und Vergangenheit hin und her gesprungen wurde, was du ziemlich verwirrend fandst. Damit hast du eine Distinktion vorgenommen. Du hast zwischen Form und Inhalt unterschieden.

Definitionen

Es gibt verschiedene Arten von Definitionen, aber in erster Linie solltest du wissen, dass man mit einer Definition die Bedeutung eines Wortes festlegt. Du kannst zum Beispiel bestimmen, dass du, jedes Mal wenn du von »Taschengeld« sprichst, damit Geld meinst, »das dazu da ist, für Süßigkeiten ausgegeben zu werden«. Taschengeld ist also nicht zum Sparen da und wird auch nicht für Kinobesuche oder andere Vergnügungen verwendet. Damit hast du das Wort »Taschengeld« definiert.

Falls deine Eltern eine andere Definition bevorzugen, solltet ihr versuchen, euch auf eine gemeinsame Bedeutung des Wortes »Taschengeld« zu einigen.

Unklare Wörter

Manche Wörter sind unklar. »Abend« ist solch ein Wort. Wann fängt der Abend eigentlich an?

Sorites-Paradox

»Sorites« ist Latein und bedeutet »Trugschluss«, also »falsche Schlussfolgerung«. (Auf Seite 79 kannst du mehr über Schlussfolgerungen erfahren.)

Stell dir einen Haufen aus 1000 Steinen vor. Wenn du einen Stein wegnimmst, ist es immer noch ein Haufen. Wenn du einen weiteren Stein entfernst, ist es auch immer noch ein Haufen. Du nimmst noch einen Stein weg und noch einen … Für den Haufen scheint es keine Rolle zu spielen, ob er einen oder ein

paar Steine weniger hat. Ein Haufen bleibt ein Haufen. Also ist ein einziger Stein oder gar kein Stein auch ein Haufen, oder?

Natürlich nicht, doch wo liegt das Problem?

Synonyme

Wenn du deinen Deutschlehrer fragst, was »Synonyme« sind, gibt er vielleicht folgende Antwort: »Synonyme sind Wörter, die dieselbe Bedeutung haben.« Was soll das heißen, dieselbe Bedeutung?

Fallen dir andererseits Wörter ein, die verschiedene Bedeutungen haben, wie zum Beispiel »Schloss«? (Schloss kann einerseits eine Vorrichtung zum Verschließen, andererseits das Wohnhaus eines Königs bezeichnen.)

Kannst du ganze Sätze bilden, die man auf verschiedene Art und Weise verstehen kann?

7

Chips sind besser als Popcorn

TATSACHEN
Stockholm ist die Hauptstadt von Schweden.
Unsere Schule hat einen Pausenhof.
Lisa hört gern Popmusik.
Popcorn ist billiger als Chips.

BEHAUPTUNGEN
Stockholm ist eine hässliche Stadt.
Ein Pausenhof ist unnötig.
Popmusik ist doof.
Chips schmecken besser als Popcorn.

Es ist wahr, dass Stockholm die Hauptstadt von Schweden ist. Aber ist es auch wahr, dass Stockholm eine hässliche Stadt ist? Kann schon sein, obwohl viele meinen, man könne bei solchen Behauptungen nicht von »wahr« oder »falsch« sprechen. Wir haben eben unterschiedliche Meinungen. Du findest blaue Turnschuhe am schönsten, während Michael ganz weiße noch schöner findet.

Wer hat recht? Keiner von beiden, würden viele sagen.

Richtig oder falsch?

Kannst du ein paar Sätze bilden, die Behauptungen zum Ausdruck bringen, und einige, die Tatsachen entsprechen? Sieh dir deine Behauptungen an. Bist du in der Lage zu entscheiden, ob sie richtig oder falsch sind?

Verschiedene Meinungen

Manche sind der Meinung, dass Behauptungen, die Wörter wie »gut« oder »schlecht« enthalten, weder richtig noch falsch sein können. Wir beurteilen Dinge eben unterschiedlich und der eine hat nicht mehr recht als der andere. Einige sagen: »Man soll keine Tiere essen.« Doch gibt es vielleicht genauso viele, die das Gegenteil behaupten. Daraus geht hervor, dass es sinnlos ist, von »Wahrheit« zu sprechen, wenn es um Behauptungen geht. In ethischen Fragen, die sich darum drehen, wie wir uns verhalten sollen, werden wir immer unterschiedlicher Meinung sein.

Bei Tatsachen ist es leichter, Übereinstimmung zu erzielen oder sich mit der Zeit einig zu werden. Früher glaubten viele, die Erde sei der Mittelpunkt des Universums und die Sonne, der Mond und die anderen Planeten würden die Erde umkreisen. Andere stimmten mit Kopernikus überein. Er meinte, die Erde kreise um die

Sonne. Heute sind wir uns einig, dass Kopernikus recht hatte.

Übereinstimmung

Wissenschaftler streiten sich oft über Tatsachen, doch in vielen ethischen Fragen haben wir uns auf einen gemeinsamen Standpunkt geeinigt.

Zum Beispiel stimmen wir beinahe ausnahmslos darin überein, dass es keine Sklaverei geben darf. Vielleicht werden wir uns also auch in anderen Fragen mit der Zeit darauf einigen, was als gut oder schlecht, richtig oder falsch gelten soll.

Dass man sich einigt, bedeutet aber natürlich nicht, dass diese Einigung automatisch die (einzige) richtige Lösung ist.

Werte an sich

Gewisse Dinge besitzen für uns einen Wert, weil sie für etwas anderes gut sind bzw. uns etwas anderes ermöglichen. Geld hat einen Wert, weil wir uns dafür Dinge kaufen können, die uns gefallen. Wir können uns Essen, CDs, Kleider und Süßigkeiten kaufen oder ins Kino gehen. Es besitzt keinen Wert an sich, sondern ist Mittel zum Zweck. Beispielsweise bekommst du von neuen CDs vielleicht gute Laune.

Fallen dir Dinge ein, die einen Wert an sich besitzen, unabhängig davon, ob man mit ihnen etwas anderes erreichen kann?

8

Eigenverantwortung

Wenn man unter 18 Jahre alt ist, darf man viele Dinge noch nicht allein entscheiden. Deine Eltern oder die Erwachsenen, die das Sorgerecht für dich haben, müssen wichtige Entscheidungen für dich treffen; manchmal zusammen mit dir, ab und zu aber auch gegen deinen Willen. Doch es ist eine Tatsache, dass Kindern immer mehr Einfluss eingeräumt wird.

Aus Prinzip recht haben?

Angenommen, deine Eltern verbieten dir etwas. Haben sie automatisch recht, weil sie deine Eltern sind, oder nehmen sie so nur ihre Verantwortung wahr?

Gregory K.

1992 ging in den USA ein zwölfjähriger Junge vor Gericht, weil er erreichen wollte, dass man seiner Mutter das Sorgerecht für ihn wegnähme. Er wollte von einer Familie adoptiert werden, bei der er eine Zeit lang gewohnt hatte, als seine Mutter unter persönlichen Problemen litt. Der Junge, der vor Gericht eine lange Rede hielt, gewann den Prozess und musste nicht zu seiner Mutter zurückziehen. Der Fall erregte damals große Aufmerksamkeit.

Zwei Prinzipien

Kinder besitzen heute mehr Rechte als früher. In der Diskussion darum stehen sich zwei Prinzipien gegenüber. Das eine Prinzip sagt, dass vernünftige Individuen, als die Kinder ab einem gewissen Alter angesehen werden können, selbst über ihr Leben entscheiden sollen. Das andere geht davon aus, dass man das Selbstbestimmungsrecht eines Menschen einschränken darf, wenn er selbst (noch) nicht in der Lage ist zu entscheiden, was für ihn das Beste ist.

Was meinst du?

- Sind Kinder in der Lage zu entscheiden, was für sie das Beste ist?
- Ist es für dich vielleicht am besten, wenn andere dir die Entscheidung abnehmen?
- Sollen Kinder von getrennt lebenden Eltern selbst entscheiden können, ob sie bei ihrer Mutter oder bei ihrem Vater wohnen wollen?

Darf man Menschen zu ihrem eigenen Besten zwingen?

Auf der Insel seid ihr mit einem Problem konfrontiert. Einige haben eine neue Pflanze entdeckt und auf den Blättern herumgekaut. Anfangs habt ihr geglaubt, das sei vollkommen ungefährlich, doch jetzt wisst ihr es besser. Nach ein paar Monaten wird man davon krank, die Pflanze ist also nicht essbar. Aber manche Kinder nehmen eure Warnungen nicht ernst. »Kümmert euch um euren eigenen Kram«, sagen sie. »Wir mögen den Geschmack und pfeifen darauf, dass man krank wird.«

Wie würdest du dich verhalten? Denk daran, dass kein Erwachsener in der Nähe ist, den du fragen könntest.

9

Gerechtigkeit

»Ihr sollt gerecht teilen!« Hast du diesen Satz schon einmal gehört? Fast klingt es, als sei das die einfachste Sache der Welt. Aber das ist sie nicht.

Angenommen, deine Klasse gewinnt den ersten Preis in einem Preisausschreiben. Der Preis besteht aus fünf leckeren Sahnetorten. Das hört sich nach ziemlich viel an, aber schließlich seid ihr auch 25 Schüler in der Klasse.

»Alles wird gerecht geteilt!«, sagt eure Lehrerin.

Nichts einfacher als das. Sara hat sofort ausgerechnet, in wie viele Stücke man jede Torte teilen muss.

»Okay«, sagt sie. »Wir teilen jede Torte in fünf Stücke. Los geht's.«

»Einen Moment!«, ruft Daniel. »Du willst doch wohl nicht alle Stücke gleich groß schneiden.«

Nehmen wir an, dass Annika die Idee mit dem Preisausschreiben hatte. Ohne Annika keine Torten. Vielleicht sollte Annika ein besonders großes Stück bekommen. Julia hat die meisten Fragen des Preisausschreibens beantwortet. Sie hat sich viel Mühe gemacht und zu Hause in verschiedenen Lexika nachgeschlagen. Hätte nicht auch sie ein besonders großes Stück verdient?

Max hingegen hat überhaupt nicht mitgemacht. Wenn er ebenfalls ein Stück bekommt, dann aus reiner Großzügigkeit, aber muss es auch noch genauso groß sein wie das von Julia?

Lena wiederum hat ständig falsche Antworten vorgeschlagen. Andererseits hat sie heute noch nicht gefrühstückt und einen Riesenhunger. Vielleicht könnte sie ein wenig mehr bekommen als die anderen. Wäre das nicht nett und gerecht zugleich? Sie braucht das Essen einfach dringender als zum Beispiel Daniel, der in der Pause schon ein großes Stück Kuchen gegessen hat.

Tom liebt Sahnetorten. Niemand genießt sie so wie er, also vielleicht auch für ihn ein besonders großes Stück? Bei Caroline

gibt es zu Hause niemals Sahnetorte; ihr sollte man ruhig einen Nachschlag gönnen.

Nach welchen Kriterien sollte man teilen?

Regeln für Gerechtigkeit

Du und deine Freunde, ihr müsst bestimmen, was für Regeln auf der Insel gelten sollen und was ihr für gerecht haltet. Ihr müsst euch Gerechtigkeitsregeln ausdenken, damit ihr nicht jedes Mal in Streit geratet, wenn ihr etwas Essbares findet, einen Fisch fangt oder erfolgreich etwas angepflanzt habt.

Wie könnten diese Regeln aussehen?

- Jeder bekommt so viel, wie er tatsächlich benötigt.
- Jeder bekommt so viel, wie er verdient.
- Wer die größte Freude daran hat, bekommt am meisten.
- Wer etwas Essbares findet, bekommt zuerst etwas davon.
- Alle bekommen immer gleich große Portionen.

Der Bedarf entscheidet

Deine Familie sitzt beim Essen. Ihr seid vier Personen und es gibt zehn Kartoffeln. Wie teilt ihr, damit es so gerecht wie möglich zugeht? Wäre es möglich, denjenigen am meisten zu geben, die den größten Hunger haben? Warum willst du genauso viele Kartoffeln haben wie deine Schwester, obwohl du nach zweien schon satt bist?

Gerechtigkeit für wen?

Warum sind Erwachsene oft der Meinung, man solle nur mit denen, die man gut kennt, gerecht teilen? Warum soll man nicht mit allen teilen? Es ist ziemlich selten, dass Erwachsene mit Fremden teilen. Warum teilen sie beispielsweise nicht mit den Menschen in armen Ländern?

Das Glücksspiel der Natur

Wir alle nehmen sozusagen am Glücksspiel der Natur teil. Wir haben keinen Einfluss darauf, wo und mit welchen Eigenschaften wir geboren werden. Auch unsere Eltern können wir uns nicht aussuchen. Manche kommen gesund, andere krank auf die Welt.

Bei einigen geht es schnell, andere lassen sich Zeit. Ein Teil der Menschheit hat weiße, ein anderer Teil braune Haut. Wir werden mit vielen verschiedenen Eigenschaften geboren.

Eine Gerechtigkeitstheorie

Stell dir vor, ihr könntet euch aussuchen, welche Bedingungen auf der Insel herrschen sollen, auf der du und deine Freunde eure Zukunft verbringt. Geht davon aus, dass ihr zunächst nichts über euch selbst wisst.

Zum Beispiel hast du keine Ahnung, ob du behindert oder gesund, ein Junge oder ein Mädchen bist und welcher Arbeit du dich widmest. Man kann sagen, dass ihr die Regeln »hinter dem Schleier der Unwissenheit« festlegt, nämlich der Unwissenheit, was aus euch wird.

Unter diesen Umständen ist es am besten und am vernünftigsten, dass es alle so gut wie möglich haben.

Ein Philosophiepreis

1999 bekam ein amerikanischer Philosoph namens John Rawls den schwedischen »Rolf-Schock-Preis« für seine Theorie über Gerechtigkeit in der Gesellschaft. Dieser Preis hat eine ähnliche Bedeutung wie der Nobelpreis und wird in den Kategorien »Logik und Philosophie«, »Mathematik«, »Kunst« und »Musik« verliehen.

Die Natur des Menschen

Wenn Philosophen über Gerechtigkeit nachdenken oder darüber, wie die Gesellschaft geordnet sein sollte, dann gehen sie davon aus, dass der Mensch bestimmte grundlegende Eigenschaften besitzt. Sie stellen Vermutungen über die Natur des Menschen an. Entweder denken sie, der Mensch sei von Natur aus egoistisch und denke nur an sich selbst, oder sie sind der Meinung, der Mensch sei von Natur aus gut und kümmere sich auch um das Wohlergehen anderer.

Die Theorie von John Rawls geht beispielsweise davon aus, dass der Mensch egoistisch und nur auf seinen eigenen Vorteil bedacht ist. Obwohl das vielleicht nicht wahr ist.

Wäre es möglich, dass es für einen selbst das Beste ist, wenn man sich auch um andere kümmert?

10

Verdienst

Wer verdient was?

»Mit den Hausaufgaben hast du dir viel Mühe gegeben. Deshalb bekommst du jetzt auch ein ordentliches Taschengeld. Das hast du dir wirklich verdient.«

Du hast das ganze Schuljahr hindurch fleißig gearbeitet. Die Lehrer sagen, du hast alles geleistet, was man von einem Schüler in deinem Alter erwarten kann, und noch mehr dazu. Also verdienst du auch ein hohes Taschengeld, meinst du, und zwar sofort!

Aber warum eigentlich? Warum sollte Nele, die faul und schlampig war, weniger Taschengeld bekommen? Weil sie sich weniger angestrengt hat? Vielleicht ist sie faul zur Welt gekommen?

Es könnte doch sein, dass man mit einer faulen Veranlagung geboren wird. Wäre es dann gerecht, dafür bestraft zu werden?

Darüber kann man im Zusammenhang mit dem Glücksspiel der Natur (siehe Seite 52) schon ins Grübeln kommen. Da wir alle an diesem Glücksspiel teilnehmen, kann man sich fragen, ob manche wirklich mehr verdient haben als andere. Warum finden wir trotzdem, dass manche ein extra Lob oder besondere Aufmerksamkeit verdienen?

Belohnungen in der Schule

Es gibt Lehrer, die am Ende eines Schuljahres ein paar Schüler auswählen, die ihrer Meinung nach eine Belohnung verdient haben. Nehmen wir an, diese Lehrer seien der Meinung, die Schule solle Fleiß belohnen. Es soll sich ganz einfach lohnen, hart zu arbeiten.

Gibt es für ein solches Verhalten eigentlich ein wirklich gutes Argument? Vielleicht glauben die Lehrer, sie könnten auf diese Weise erreichen, dass sich alle Schüler besonders viel Mühe geben, um ebenfalls ein Geschenk zu bekommen.

Aber was macht man mit Schülern, die sich viel Mühe geben, aber trotzdem nicht so erfolgreich sind? Oder mit Schülern, die sehr hart arbeiten, härter als alle anderen, nur ein wenig später damit angefangen haben? Oder mit Kindern, deren Leben zu Hause so anstrengend ist, dass keine Energie mehr für die Schule übrig bleibt? Haben nicht gerade sie eine Aufmunterung verdient?

11

Die Klasse stimmt ab

Die Klasse will einen Ausflug unternehmen und überlegt, wie sie diesen gestalten soll. Es gibt verschiedene Vorschläge. »Lasst uns abstimmen«, sagt die Lehrerin und schreibt die Vorschläge an die Tafel:

1. Baden gehen
2. Brennball spielen
3. In den Zoo gehen

Die Abstimmung beginnt. Dass eine Abstimmung gerecht ist, scheint eine verbreitete Auffassung zu sein. Der Vorschlag, der die meisten Stimmen bekommt, gewinnt. Manchmal reicht es, wenn ein Vorschlag eine einzige Stimme mehr bekommt als ein anderer.

Aber ist eine Abstimmung wirklich die beste Methode, um zu entscheiden, was man tun soll? Ist es so einfach?

Mehrheitsbeschlüsse

Falls Christoph nicht schwimmen kann und dies ungeheuer peinlich findet, macht ihm der Vorschlag, baden zu gehen, Angst. Vielleicht ist sein Unbehagen viel größer als der Spaß, den die anderen haben würden.

Wenn sich die Klasse für Brennball entscheidet, werden mindestens drei Schüler diesen Tag sehr anstrengend finden, weil sie so schlecht in Brennball sind. Vielleicht haben sie sogar noch größere Angst vor dem Brennballspielen als Christoph vor dem Baden.

Ein Besuch im Zoo würde vielen Kindern Freude machen, doch Anja ist allergisch gegen Tiere. Andererseits haben viele eine Riesenlust, in den Zoo zu gehen, abgesehen von Charlotte, die Zoos hasst, weil ihr die Tiere so leidtun.

Wie soll sich die Klasse entscheiden? Worauf sollte sie Rücksicht nehmen? Ist es gerecht, das zu tun, was die meisten wollen?

Das Abstimmungs-Paradox

Lina, Paula und Klara wollen abstimmen, wer ihre Anführerin wird. Erst wählen sie zwischen Lina und Paula. Danach wollen sie sich zwischen der Gewinnerin und Klara entscheiden. Also müssen sie sich entweder zwischen Lina und Klara oder zwischen Paula und Klara entscheiden. Lina will gewinnen, doch wenn sie nicht gewinnt, dann möchte sie, dass Paula ihre Anführerin wird. Paula will, dass Klara gewinnt, falls sie selbst nicht gewählt wird. Klara will, dass Lina ihre Anführerin wird, wenn sie es selbst nicht schafft. Wer gewinnt?

Klara gewinnt, weil sie beim ersten Durchgang nicht dabei war.

Versuche es selbst. Bilde eine solche Gruppe, und gehe davon aus, dass alle für sich selbst stimmen dürfen. Du wirst sehen: Wenn bei der Abstimmung nicht alle dieselbe Person bevorzugen, gewinnt immer diejenige, die beim ersten Durchgang nicht dabei war.

12

Stell dir vor, alle würden das tun!

Manchmal kann dein Verhalten das Beste für dich und alle anderen sein, doch wenn *alle* sich so verhielten wie du, könnte es die Lage für alle verschlimmern.

Gut für dich?

Stell dir vor, du hast Pickel und solltest dich deswegen nicht zu häufig mit Seife waschen. Dasselbe gilt für mehrere deiner Mitschüler, mit denen du zusammen ins Schwimmbad gehst. Die mit Pickeln sollten mit Seife vorsichtig umgehen. Doch wenn zu viele auf Seife verzichten, wird das Wasser verunreinigt und das Personal gezwungen, mehr Chlor zuzusetzen. Chlor ist aber nicht gut für die Haut.

Wie soll man entscheiden?

Es ein wenig besser haben

Eine Familie wohnt an einem See. Weil es im See nur noch wenige Fische gibt, ist es streng verboten zu angeln. Die Familie kommt gerade so über die Runden. Sie hungert nicht, kann sich aber nichts Besonderes leisten. Damit es ihr ein wenig besser geht, könnte man ihr erlauben zu angeln. Wenn die Familie ausschließlich für den eigenen Bedarf angelte, würde das den Fischbestand nicht wesentlich beeinträchtigen. Die Fische könnten sich weiterhin vermehren und der Familie ginge es ein wenig besser.

Wenn man auch anderen Familien das Angeln erlaubte, wäre der Fischbestand immer noch nicht gefährdet, aber wenn alle wieder mit dem Angeln anfingen, wären die Fische vom Aussterben bedroht und damit die Ernährungsgrundlage der Zukunft gefährdet.

Wie sollte man sich verhalten?

Deine Kinder und Enkel

Du hast sicher schon davon gehört, dass diejenigen, die heute erwachsen sind, nicht nur zahlreiche Tierarten ausgerottet haben, sondern auch die Ressourcen der Erde verschwendet und die Natur zerstört haben. Immer mehr Tunnel wurden in Berge hineingesprengt und immer neue Straßen und Brücken gebaut.

Was wäre die Folge, wenn sich jede Generation so verhielte? Kann es richtig sein, die Natur zu zerstören, bloß damit wir heute ein bisschen schneller vorankommen oder es etwas bequemer haben? Aber worauf wärst du bereit zu verzichten, damit Menschen, die noch nicht auf der Welt sind, es später ein wenig besser haben? Würdest du einen um eine Stunde längeren Schulweg in Kauf nehmen, damit auf eine neue Straße verzichtet werden kann?

13

Was sind Kenntnisse?

Kenntnisse zu besitzen, bedeutet, dass man etwas weiß. Aber was bedeutet »Wissen«? »Kenntnis« und »Wissen« sind knifflige Wörter, bei denen man sich schnell im Kreis dreht. Versuche, sie im Wörterbuch nachzuschlagen. Bist du jetzt klüger?

Verschiedene Arten von Kenntnissen

Gewisse Kenntnisse scheint man erwerben zu können, indem man zwei und zwei zusammenzählt. Andere Kenntnisse beruhen auf Erfahrung; sie setzen voraus, dass man sich von einer Tatsache mit eigenen Augen überzeugt hat. Zum Beispiel von der Tatsache, dass Säugetiere lebende Junge zur Welt bringen.

Gesichertes Wissen

Hast du schon einmal daran gedacht, dass deine Sinne dich täuschen können? Du bist sicher, durch einen Wald zu laufen, während du in Wirklichkeit im Bett liegst und träumst. Man kann Halluzinationen haben, bei denen man wach ist und sich dennoch Dinge einbildet, die in Wirklichkeit nicht existieren. Von Ferne betrachtet, wirkt alles viel kleiner als aus der Nähe. Doch auch was man von nahem sieht, kann einen täuschen. Man kann sich eigentlich nicht einmal darauf verlassen, dass 7+5=12 ist. Es könnte ja ein »böser Geist« sein, der dir dies eingeredet hat. Gründe, an Dingen zu zweifeln, finden sich fast immer.

Gibt es etwas, das du mit absoluter Sicherheit weißt?

Der Unterschied zwischen »glauben« und »wissen«

»Glauben« und »wissen« ist nicht dasselbe. Du glaubst sicher an viele Dinge. Aber dass du glaubst, etwas zu wissen, bedeutet noch lange nicht, dass du wirklich etwas weißt. Wenn du erfährst, dass die Autorin von *Harry Potter* J. K. Rowling heißt und nicht J. R. Ewing, wie du gedacht hast, dann klingt es merkwürdig, wenn du sagst: »Früher wusste ich, dass der Autor J. R. Ewing heißt, aber das stimmte nicht, denn jetzt weiß ich, dass die Autorin J. K. Rowling heißt.« Du glaubtest zu wissen, aber du hast dich geirrt!

Manchmal glaubt man etwas, das sich zufällig als wahr herausstellt. Matthias hat sich das Fußballspiel zwischen Dortmund und Rostock angeschaut. Du warst nicht dabei, gehst aber davon aus, dass Dortmund gewonnen hat. Matthias kommt nach Hause und berichtet, dass Dortmund tatsächlich gewonnen hat. Trotzdem wäre es unsinnig zu behaupten, dass du es bereits vorher gewusst hast. Du hast es vermutet und recht bekommen, aber etwas als »Wissen« zu bezeichnen, scheint mehr zu erfordern, als *zufällig* recht zu haben.

Kenntnisse?

Um behaupten zu können, bestimmte Kenntnisse zu besitzen, sind normalerweise drei Dinge erforderlich:

- Man glaubt, dass sich etwas auf eine bestimmte Weise verhält.
- Man hat gute Gründe, das anzunehmen.
- Man hat recht.

Ein Beispiel:

- Elias glaubt, die Autorin von *Harry Potter* heiße J. K. Rowling.
- Elias hat gute Gründe anzunehmen, die Autorin von *Harry Potter* heiße J.K. Rowling.
- Es stimmt, dass die Autorin von *Harry Potter* J. K. Rowling heißt.

Gute Gründe?

Was sind »gute Gründe«? Kannst du ein Beispiel anführen?

Hast du gute Gründe anzunehmen, dass du über einen freien Willen verfügst?

Gottesperspektive

Stell dir vor, du wohnst auf dem Gipfel eines hohen Berges. Du bekommst den Auftrag, alles aufzuschreiben, was auf der Erde existiert. Du notierst Blumen in verschiedensten Farben, acht Baumarten und eine Menge unterschiedlicher Tiere, die du ausführlich beschreibst. Von der anderen Seite des Berges aus berichtet ein anderer Mensch, er habe große gestreifte Tiere gesehen, rote und blaue Blumen sowie zwei verschiedene Baumarten. Sorgfältig schildert er das Aussehen aller Insekten und kleiner Fliegen. In seinem Land wird man von einer Vielzahl verschiedener Mücken geplagt; daher hat er solch kleinen Tieren schon immer große Beachtung geschenkt.

Du hingegen hast auf Insekten überhaupt nicht geachtet und bist auch zu Hause nie von Mücken geplagt worden. Dass sich eure Berichte voneinander unterscheiden, liegt nicht nur daran, dass es in eurem Blickfeld verschiedene Tiere gibt, sondern auch daran, dass ihr auf verschiedene Dinge achtet. Was der andere einfach als rote Blumen bezeichnet, hast du in rosa, hellrote und dunkelrote Blumen unterteilt. Dafür hat deine mangelnde Aufmerksamkeit in Bezug auf Insekten dazu geführt, dass du sie gar nicht gesehen hast, obwohl sie doch existieren. Keiner von euch beiden ist in der Lage, die Welt vollständig zu beschreiben. Doch sollte es einen Gott geben, dann kann man sich vorstellen, dass er die Welt gleichzeitig von allen Seiten aus betrachten kann. Für Menschen ist dies unmöglich.

Wessen Perspektive?

Sieht man die Fernsehnachrichten, kann man den Eindruck gewinnen, man erfahre die wichtigsten Dinge, die in der Welt passieren. Doch was im Fernsehen gezeigt wird, ist nur eine winzige Auswahl an Neuigkeiten, aufgenommen an ein paar wenigen Orten der Erde.

Distinktion

»Wissen, dass« und »wissen, warum« sind zwei verschiedene Dinge. Du weißt beispielsweise, dass normalerweise das Licht angeht, wenn du auf den Schalter drückst. Aber weißt du auch, warum? Fallen dir noch andere Beispiele ein?

14

Sind Kenntnisse immer von Vorteil?

Durch mehr Wissen und eine bessere Ausbildung haben sich Menschen aus der Unterdrückung befreit, haben gelernt, schwierige Situationen zu meistern, und Methoden entwickelt, um Krankheiten und andere Leiden zu verhindern, zu lindern und zu heilen. Du gehst zur Schule, um an diesem Wissen teilzuhaben. Die meisten scheinen sich einig zu sein, dass mehr Wissen zu einem besseren Leben führt. Aber muss das zwangsläufig so sein?

Manche Dinge muss man natürlich wissen, zum Beispiel wie man sich Nahrung beschafft oder wie man Häuser baut. Doch wir haben unser Wissen auch dazu benutzt, die Natur auszubeuten und zu zerstören. Es gibt nur noch wenige unter einfachsten Bedingungen lebende Volksstämme auf der Erde. Vielleicht sind sie aber glücklicher als wir so genannten aufgeklärten, gebildeten Menschen, die wir alles im Überfluss besitzen.

Du hast von einem Eingeborenenstamm gehört, der tief im afrikanischen Dschungel lebt. Die Menschen dieses Stammes haben einen starken Unwillen, mit anderen Menschen in Kontakt zu treten. Selbst bei Dürre oder anderen Krisen haben sie Hilfe von außen stets abgelehnt. Nun hast du erfahren, dass eine gewisse Hasenart, von der sie sich hauptsächlich ernähren, an einer ansteckenden, für Menschen lebensbedrohlichen Krankheit leidet.

Solltest du sie warnen oder respektieren, dass sie in Ruhe gelassen werden wollen?

Angenommen, du hast die Menschen des Dorfes nicht gewarnt. Das halbe Dorf ist bereits erkrankt. Einige sind schon gestorben und nur noch wenige sind in der Lage zu jagen. Um ihnen zu helfen, müsstest du ihnen beibringen, die Kranken auf unsere Weise zu behandeln. Du müsstest ihnen erklären, wie sie die Medizin anwenden sollen, die in der westlichen Welt hergestellt wurde. Du müsstest einige von ihnen regelrecht ausbilden. Das bedeutet jedoch, dass sie langsam, aber sicher ihre alte Lebensweise aufgeben.

Solltest du das tun?

15

Schein oder Wirklichkeit

Manchmal liest man in Büchern von jemandem, der nicht weiß, ob er träumt oder wach ist. Was tut diese Person? Sie kneift sich in den Arm, um sich davon zu überzeugen, dass sie wach ist. Im Grunde ist das aber kein zuverlässiger Test, denn man kann ja auch träumen, dass man sich in den Arm kneift.

Gibt es einen Test?

Fällt dir eine Testmöglichkeit ein, die beweist, dass du in diesem Moment wach bist?

Das Ding an sich

Wenn du zum Beispiel einen Tisch ansiehst, wirkt er unterschiedlich groß, je nachdem ob du ihn aus der Nähe oder aus großer Entfernung betrachtest. Schaust du von oben auf ihn herunter, dann siehst du nur eine flache Platte. Welche Farbe hat sie? Sie erscheint dir grün, doch am Abend, wenn du eine Lampe anmachst, sieht sie eher braun aus. Welche ist die richtige Farbe?

Soll der Tisch grün aussehen, musst du ihn bei Tageslicht betrachten, du darfst nicht farbenblind sein und keine Sonnenbrille tragen. Aber kannst du auch etwas über den Tisch an sich sagen?

Es scheint so zu sein, dass wir nur darüber etwas sagen können, wie Dinge auf uns wirken, und nicht, wie sie wirklich sind.

Glaubst du, dass es Wesen gibt, die nur manche von uns sehen können?

Kannst du mit Sicherheit sagen, was es wirklich gibt?

Das Hirn in der Schale

Stell dir vor, ein bösartiger Wissenschaftler hätte dich betäubt und dein Gehirn herausgenommen. Dann hätte er es in eine Schale mit einer Nährlösung gelegt, in der dein Gehirn

funktionsfähig bleibt. Er hat es mit kleinen Elektroden verbunden, die er benutzt, um Signale zu senden, die dich alles wie gewohnt erleben lassen. Du gehst zur Schule, triffst deine Freunde, gehst wieder nach Hause, alles wie bisher. Du weißt nicht, dass dein Gehirn in einer Schale liegt.

Woher willst du wissen, dass es sich nicht wirklich so verhält? Und wenn es so wäre, was spielte das für eine Rolle, solange du glaubst, dass sich dein Leben nicht verändert hat?

16

Wahrheit

Manchmal hört man Menschen sagen: »Für mich ist das wahr.« Ein merkwürdiger Satz. Was meinen sie damit? Sollte es etwa verschiedene Wahrheiten für verschiedene Menschen geben? Wenn du das nächste Mal diesen Satz hörst, kannst du dir sagen, dass dieser Mensch *glaubt*, dass Horoskope stimmen oder dass es Hexen gibt. Aber ein Glaube ist doch etwas anderes als die Wahrheit. Wir alle glauben schließlich an viele Dinge, die sich später als falsch herausstellen.

Andere Perspektiven

Es ist nichts Ungewöhnliches, Dinge aus unterschiedlichen Blickwinkeln zu betrachten. Wenn wir einen Würfel anschauen und es wahr ist, dass ich eine Drei sehe, während du eine Vier siehst, dann betrachten wir den Würfel von verschiedenen Seiten. Aber wenn wir den Würfel von derselben Seite aus ansehen, dann ist es nicht möglich, dass einer von uns eine Drei und der andere eine

Vier sieht. Wie können wir sicher sein, dass wir den Würfel von derselben Seite aus betrachten oder über dieselbe Sache reden? Vielleicht benutzen wir auch die Wörter unterschiedlich. Für dich hat das Wort »Hexe« womöglich eine andere Bedeutung als für deinen Freund. Ein Tipp: Lies die Kapitel *Was sind Kenntnisse?* und *Was Wörter bedeuten* noch einmal.

Wahr?

Was bedeutet es, wenn wir etwas als »wahr« bezeichnen?

Ist doch ganz einfach, meinen viele. Etwas ist wahr, wenn es mit der Wirklichkeit übereinstimmt. Das klingt tatsächlich einfach, aber in welcher Weise soll es übereinstimmen? Und was heißt eigentlich »Wirklichkeit«? Vergleiche das mal im Kapitel *Schein oder Wirklichkeit* auf Seite 72.

Definition: Wahrheit

Zu sagen, dass es etwas nicht gibt, das es gibt, oder dass es etwas gibt, das es nicht gibt, ist unwahr, doch zu sagen, dass es etwas gibt, das es gibt, oder dass es etwas nicht gibt, das es nicht gibt, ist wahr. (Aristoteles)

Lügenparadoxe

»Johanna aus München behauptet, dass alle Münchner lügen.« Wenn alle Münchner lügen, dann lügt Johanna auch. Dann ist es also nicht wahr, dass alle Münchner lügen. Aber wenn es nicht wahr ist, dann lügt sie, und wenn sie lügt, dann ist es nicht wahr, dass alle Münchner lügen.

»Ich lüge jetzt.« Kannst du dieses Paradox auflösen?

Distinktion

- Es gibt wahre Antworten.
- Wir können bei Antworten nie sicher sein, ob sie wahr sind.

Einige sind der Meinung, bei philosophischen Fragen könne es keine wahren Antworten geben. Aber das muss nicht richtig sein. Wir können eine Unterscheidung treffen: Wir können sagen, dass wir niemals ganz sicher sein können, die wahre Antwort zu kennen, und gleichzeitig der Meinung sein, dass es im Prinzip wahre Antworten gibt.

Genau in diesem Augenblick existiert auf der Erde entweder eine gerade oder eine ungerade Anzahl an Kaninchen. Wir werden die Antwort nie herausbekommen, aber eines *ist* wahr: entweder gerade oder ungerade!

17

Schlussfolgerungen

Wir ziehen ständig Schlussfolgerungen aus Dingen, die wir zu wissen glauben. Wie gelangen wir aber zu diesen Schlussfolgerungen? Eine Möglichkeit besteht darin, ein Argument aus verschiedenen *Aussagen* (Prämissen) und einer *Schlussfolgerung* zu formulieren. Über dem Strich stehen die Aussagen, darunter die Schlussfolgerung.

Das ist ein weißer Schwan
Das ist ein weißer Schwan
Das ist ein weißer Schwan

Alle Schwäne sind weiß

Vom Einzelnen zum Allgemeinen

»Das ist ein weißer Schwan« und »Das ist ein weißer Schwan« kann wahr sein. Wenn wir uns eine Weile draußen aufgehalten und viele Schwäne angeschaut haben, könnten wir viele weitere Aussagen derselben Art hinzufügen. Aber darum braucht die Schlussfolgerung »Alle Schwäne sind weiß« noch lange nicht wahr zu sein. Sie ist *wahrscheinlich*, aber sicher können wir nicht sein. Nachdem man viele Jahre lang geglaubt hatte, alle Schwäne seien weiß, entdeckte man in Australien tatsächlich schwarze Schwäne.

Immer?

Nur weil du deine Schulbücher siebenmal hintereinander vergessen hast, heißt das nicht, dass dein Vater recht hat, wenn er sagt, dass du immer deine Schulbücher vergisst.

Du hast sie am Freitag vergessen
Du hast sie am Dienstag vergessen
Du hast sie am Mittwoch vergessen
Du hast sie am Donnerstag vergessen

Du vergisst sie immer

Keine neue Information

Schau dir die folgenden Argumente an. Für Argumente dieser Art gilt, dass die *Schlussfolgerung immer wahr* ist, wenn die Aussagen über dem Strich wahr sind. Wenn du aufmerksam liest, wirst du bemerken, dass die Schlussfolgerung keine Information enthält, die nicht schon in den Prämissen enthalten ist.

Alle Menschen sind sterblich
Sokrates ist ein Mensch

Sokrates ist sterblich

Alle Kugeln im Beutel sind Glaskugeln
Im Beutel gibt es keine roten Glaskugeln

Im Beutel gibt es keine roten Kugeln

Alle Pferde haben fünf Beine
Lina ist ein Pferd

Lina hat fünf Beine

Eine falsche Prämisse

Wenn du das letzte Argument merkwürdig findest, liegt es vielleicht daran, dass es nicht wahr ist, dass alle Pferde fünf Beine haben. Doch wenn es wahr wäre, dann wäre auch die Schlussfolgerung wahr.

Wenn die Aussagen über dem Strich wahr sind, dann ist auch die Schlussfolgerung wahr.

Aufgabe

Versuche, ein eigenes Argument zu formulieren. Zum Beispiel: Alle in meiner Klasse tragen Jeans. Emma geht in meine Klasse. Schlussfolgerung: Emma trägt Jeans.

Wahr?

Die Polizei hat zwölf Einbrecher festgenommen. Alle sind Spanier. Philipp folgert daraus: Alle Einbrecher sind Spanier. Was sagst du dazu?

18

Der Sinn des Lebens

Hast du schon mal in deinem Bett gelegen, an die Decke gestarrt und über den Sinn des Lebens nachgedacht? Oder bist du irgendwann einmal von einem komischen Gefühl ergriffen worden und hast dich gefragt, warum es dich gibt? Natürlich weißt du, wie Kinder entstehen, aber hier handelt es sich mehr um die Frage, warum es ausgerechnet *dich* gibt. Was ist der Sinn des Lebens? Und warum gibt es überhaupt Menschen?

Gottes Plan

Manche Menschen glauben an einen Gott. Wie auch immer er aussehen mag, so hat man damit eine Antwort auf die Frage nach dem Sinn des Lebens gefunden: Der Sinn des Lebens besteht darin, so zu leben, dass es Gott gefällt. Damit verbunden ist die Vorstellung, dass Gott einen Plan und das Leben ein Ziel hat. Das *ewige Leben* kann solch ein Ziel sein. Für viele Menschen ist es gerade dieser Glaube, der ihrem Leben einen Sinn verleiht.

1. Angenommen, du bist nicht in der Lage, an einen Gott zu glauben. Ist das Leben damit sinnlos für dich?
2. Angenommen, es gibt keinen Gott. Angenommen, das ganze Leben hier auf der Erde ist reiner Zufall. Ist es damit sinnlos? Warum?

Information

Wenn du sorgfältig liest, bemerkst du vielleicht, dass zwischen den beiden Fragen ein wichtiger Unterschied besteht. Er besteht darin, dass du von verschiedenen Annahmen ausgehst, bevor du dich um eine Antwort bemühst. Verstehst du den Unterschied?

Die erste Frage geht davon aus, dass du nicht an Gott glaubst. Die zweite Frage geht davon aus, dass es keinen Gott gibt. Was die erste Frage betrifft, kann es sein, dass es einen Gott gibt und damit auch einen Sinn des Lebens, obwohl du nicht an Gott glaubst.

Sisyphos

Sisyphos hat die Götter verärgert. Zur Strafe wird er dazu verurteilt, einen Stein einen Berg hinaufzurollen. Jeden Tag muss er das tun, und jedes Mal wenn der Stein fast oben ist, rollt er wieder hinunter. So wird es weitergehen bis in alle Ewigkeit.

Sisyphos' Leben wirkt vollkommen sinnlos. Er erreicht nie sein Ziel. Wenn zumindest weitere Steine da wären, mit denen er etwas bauen könnte, würde uns sein Leben weniger sinnlos vorkommen.

Wenn die Götter so freundlich gewesen wären, Sisyphos mit dem *Wunsch* auszustatten, einen Stein den Berg hinaufzurollen, dann würde Sisyphos zumindest etwas tun, was ihm Spaß macht. Nichts tut er lieber, als Steine

zu rollen, und ausgerechnet das darf er bis in alle Ewigkeit.

Für uns wirkt das genauso sinnlos. Wir können nicht nachvollziehen, was am Rollen von Steinen spaßig sein soll. Aber für Sisyphos ist das anders. Er *will* Steine rollen. Für ihn gibt es kein größeres Vergnügen, als sich Tag für Tag mit einem Stein den Berg hochzuquälen. In gewisser Weise wäre alles wie zuvor. Alles wirkt genauso sinnlos, aber trotzdem gibt es einen großen Unterschied: Sisyphos' eigenes Lebensgefühl.

Der Sinn des Lebens

Was beinhaltet die Frage nach dem Sinn des Lebens? Vielleicht fragt man sich, ob das Leben einen Zweck oder ein Ziel hat. Es scheint so, als müsse man an einen Gott oder eine höhere Macht glauben, damit das Leben einen Sinn bekommt. Doch was ist, wenn es keinen Gott gibt?

Eine neue Frage

In gewisser Weise gleicht unser Leben dem Steinerollen von Sisyphos. Wir wachen auf, frühstücken, putzen uns die Zähne, gehen zur Schule. Es ist immer dasselbe. Wir kämpfen darum, alle Aufgaben zu bewältigen. Nach uns werden unsere Kinder den Kampf fortsetzen. Manchmal scheint alles ziemlich sinnlos zu sein, und doch gibt es so viele Dinge, die uns sinnvoll vorkommen. Vielleicht sollte man die Frage anders stellen: »Was ist der Sinn *meines* Lebens?«

Aufgabe

Schreibe ein paar Dinge auf, die du gerne tust.

19

Was ist ein schönes Leben?

Manchmal kannst du dich über kleine Dinge ziemlich ärgern. Vielleicht hast du genau die Sache, die du dir so sehr zum Geburtstag gewünscht hast, nicht bekommen, oder vielleicht durftest du nicht so lange aufbleiben, wie du wolltest. Damit lässt es sich trotzdem ganz gut leben, besonders wenn man es mit dem Leben anderer vergleicht, die sich ständig ärgern müssen oder deren Eltern unentwegt streiten. Noch schlimmer ist es, sehr oft krank zu sein oder in einem armen Land zu leben.

Aber was ist eigentlich ein schönes Leben?

Glück

Nimm einmal an, du könntest alles in deinem Leben selbst bestimmen.

Was würdest du tun? Lassen sich einige der Dinge, die du verändern würdest, auch in Wirklichkeit ändern? Gibt es andere Dinge, die sich nicht verwirklichen lassen, obwohl du glaubst, sie würden dich glücklich machen?

Was macht dich glücklich? Was bedeutet das Wort *Glück* für dich?

Glückspillen

Stell dir vor, man könnte Pillen herstellen, die ein ständiges Glücksgefühl erzeugen.

Findest du, man sollte solche Pillen herstellen und allen Menschen geben, wenn man sicher wäre, dass sie nicht krank machen? Gibt es ein gutes Argument, solche Pillen lieber nicht herzustellen?

20

Feministische Philosophie

Feministinnen sind der Meinung, Mädchen sollten es genauso gut haben wie Jungen. Das klingt selbstverständlich. Im Gegensatz zu anderen sind Feministinnen jedoch der Meinung, dass es Mädchen tatsächlich nicht so gut haben wie Jungen, und zwar gerade weil sie Mädchen sind. Leute, die nicht feministisch denken, meinen in der Regel, dass bestehende Ungleichheiten nichts mit dem Geschlecht zu tun haben.

Feminismus lässt sich so zusammenfassen:
- Jungen haben es besser als Mädchen.
- Das muss man ändern.

Warum arbeiten Männer und Frauen oft in unterschiedlichen Berufen?

Sind Frauen besonders gut geeignet, Kranke zu pflegen, im Kindergarten zu arbeiten und sauber zu machen, oder hat sich das einfach so entwickelt?

Einige meinen, dass Frauen und Männer im Grunde gleich sind, dass es keinen wesentlichen Unterschied gibt. Andere sind der Meinung, dass Frauen tatsächlich anders sind. Was glaubst du?

Typisch Junge!

Viele erkennen sich in den gängigen Beschreibungen von Jungen und Mädchen nicht wieder. Einige sind sogar der Meinung, es gebe überhaupt keine Unterschiede. »Typisch Junge« oder »Typisch Mädchen«, sagen andere. Was bedeutet das? Was ist »typisch«?

Verschiedene Rollen

Die französische Schriftstellerin Simone de Beauvoir schrieb ein Buch mit dem Titel *Das andere Geschlecht*. Sie weist darauf hin, dass Jungen zu selbstständigen, freien Menschen erzogen werden, während man Mädchen darauf trimmt, artig und nett zu sein und anderen zu helfen. So sollte es nicht sein, meint sie, auch Mädchen sollten zu einem selbstständigen und freien Leben erzogen werden. Für Simone de Beauvoir ist das Leben der Jungen das ideale Leben. Auch die Mädchen sollten ein solches Lebensideal anstreben, anstatt sich ausschließlich um andere zu kümmern. Aber vielleicht wäre es besser, wenn die Jungen stattdessen den Mädchen ähnlicher würden?

- Wie sollen Mädchen sein?
- Wie sollen Jungen sein?

Nasen

Wir teilen Menschen oft in zwei Kategorien ein, Jungen und Mädchen. (Erinnerst du dich, was auf Seite 33 über Kategorien gesagt wurde?) Stell dir vor, man würde Menschen nicht nach ihrem Geschlecht, sondern nach der Größe ihrer Nasen unterscheiden. Was hätte das für Folgen?

Wesentliche Eigenschaften

Ein wesentlicher Unterschied zwischen den Geschlechtern besteht darin, dass die Frauen Kinder bekommen. Aber ist das eine wichtige Eigenschaft? Natürlich ist sie wichtig, weil so die Kinder auf die Welt kommen. Aber ist sie noch in anderer Hinsicht wichtig?

Was ist mit den Frauen, die keine Kinder bekommen können oder wollen? Sind das keine *richtigen* Frauen?

Wir werden verschieden

In Deutschland kommt es nur selten vor, dass Jungen reiten oder Eiskunstlauf betreiben. Doch in Spanien reiten viele Jungen und finden das cool. In Russland widmen sich viele Jungen dem Eiskunstlauf. Das lässt darauf schließen, dass die unterschiedlichen Interessen und Eigenschaften von Jungen und Mädchen nicht angeboren sind, sondern von den Menschen und der Umgebung, in der wir leben, beeinflusst werden.

Wir werden unterschiedlich geboren

Manche meinen, dass sich Mädchen und Jungen auch deshalb unterschiedlich benehmen und denken, weil sie unterschiedliche Mengen verschiedener Hormone im Körper haben. In Anbetracht dieser Tatsache scheint es keine große Rolle zu spielen, wie wir unsere Kinder erziehen oder an welchem Ort auf der Erde wir leben. Mädchen und Jungen kommen mit spezifischen Eigenschaften auf die Welt. Jungen sind Jungen und Mädchen sind Mädchen, was auch immer man tut. Aber was heißt das?

Was ist ein Junge und was ist ein Mädchen?

XX und XY

Jedes Jahr wird in Deutschland eine gewisse Anzahl von Kindern mit unbestimmbarem Geschlecht geboren. Weil die Geschlechtsorgane missgebildet sind, kann man nicht entscheiden, ob es sich um Jungen oder Mädchen handelt. Solche Kinder können die inneren Geschlechtsorgane eines Mädchens und die äußeren Geschlechtsorgane eines Jungen besitzen. In der Schule lernt man, dass Mädchen die Chromosomenverbindung XX und Jungen XY haben. Also müsste man in solchen Fällen doch einfach anhand der Chromosomenverbindung feststellen können, ob es sich um einen Jungen oder ein Mädchen handelt. Aber so einfach ist das nicht. Auch anhand des Hormonhaushalts lässt sich das Geschlecht nicht immer eindeutig bestimmen. Ärzte berücksichtigen eine Reihe von Faktoren, ehe sie das Geschlecht eines Kindes mit missgebildeten Geschlechtsorganen bestimmen, oder sollte man lieber sagen, ehe sie das Kind zu einem Mädchen oder einem Jungen *machen*? Ein Mädchen kann also in solch einem Fall auch die Chromosomenverbindung XY aufweisen, im Gegensatz zu dem, was man in der Schule lernt.

21

Kritisches Denken

Die Schule soll zu kritischem Denken erziehen. So steht es zum Beispiel im Lehrplan für Geschichte: »Der Geschichtsunterricht soll die Schüler mit einem Instrumentarium versehen, das ihnen hilft, kritisches Denken und analytische Fähigkeiten zu entwickeln.«

In derselben kritischen Haltung, von der hier die Rede ist, könnte man fragen, was dieser Satz eigentlich bedeutet und wie die Lehrer ihn interpretieren. Man könnte auch fragen, welche Schulen diese Richtlinie beherzigen.

Kritisch?

Was heißt eigentlich »kritisch«?

»Kritisch« kann heißen, in einer bestimmten Situation einen entscheidenden Punkt erreicht zu haben. Über Stefan, der schwer krank ist, heißt es: »Sein Zustand ist kritisch.« Man weiß nicht, ob er überleben wird oder nicht.

»Kritisch« kann auch bedeuten, dass man Schwächen und Fehler registriert und Dinge infrage stellt.

Deine Schulbücher

Es gibt verschiedene Gründe, warum deine Schulbücher ein wenig anders aussehen als die Schulbücher deiner Eltern, als sie in deinem Alter waren. Überlege einmal, welche deiner Schulbücher auch noch deine Kinder lesen könnten und warum.

Distinktionen

In diesem Buch geht es um eine Reihe von Distinktionen. Mit einer Distinktion trifft man eine Unterscheidung. Unterscheidungen helfen dabei, ein wenig Ordnung in die Gedanken und gesprochenen Sätze zu bringen. Wenn du über etwas nachdenkst und kritisch bist, musst du die Distinktionen berücksichtigen. Die Schlüsselfrage lautet: Kann man Unterscheidungen treffen? Und sind diese Unterscheidungen für die Sache relevant, also von Bedeutung?

Ein Beispiel

»Für heute hast du genug ferngesehen. Es ist nicht gut, mehrere Stunden am Tag vor der Glotze zu sitzen«, sagt deine Mutter.

Da du ein Video anschaust, antwortest du mit einer Distinktion: »Fernsehen und Video sind zwei verschiedene Dinge.«

Doch in diesem Fall muss man vielleicht zugeben, dass der Unterschied keine Rolle spielt.

Kritisches Lesen

Wir wissen, dass wir dem, was in der Zeitung steht, kritisch gegenüberstehen sollen. Schwieriger verhält es sich mit Sach- und Schulbüchern. Manchmal kann es von entscheidender Bedeutung sein, ob es sich um ein Sachbuch handelt oder nicht, und bei manchen Büchern ist das schwer zu entscheiden.

Es ist wichtig, kritisch zu lesen, denn sowohl Sach- als auch Schulbücher können Unwahrheiten enthalten, wichtige Aspekte verschweigen oder aus einem Blickwinkel geschrieben sein, der das Bild verzerrt.

Feministische Forscherinnen haben zum Beispiel darauf hingewiesen, dass Frauen in Geschichtsbüchern nur selten vorkommen. Wenn sie recht haben, wurde uns bis jetzt ein einseitiges Bild der Geschichte vermittelt.

Ein praktisches Beispiel

In einem schwedischen Buch für Jungen gibt es einen Abschnitt darüber, was für ein Gefühl es ist, eine Freundin zu haben:

»Früher hast du einfach die Gesellschaft von jemandem gesucht, der dir sympathisch war, doch jetzt schlägt eine Woge von neuen Gefühlen über dir zusammen. Der Körperkontakt wird wichtiger, die Gespräche werden intensiver. Immer noch nehmen die Mädchen die Sache ernster als du selbst, aber natürlich ist es ein schönes Gefühl, gerade mit *ihr* zusammen zu sein.«

(Aus *Jungen* von Ulf Nilsson)

Man könnte fast glauben, dass der Autor nur Tatsachen wiedergibt.

Lies den Abschnitt aus *Jungen* noch einmal. Wie du siehst, behauptet der Autor verschiedene Dinge. Kritisches Lesen kann in diesem Fall bedeuten, dass du die Behauptungen des Autors infrage stellst. Was ist beispielsweise mit dem Wort »ernster« gemeint?

Du kannst auch die ganze Aussage anzweifeln: Was gibt es eigentlich für Gründe anzunehmen, dass Mädchen es ernster nehmen als Jungen, mit jemand zusammen zu sein? Außerdem stimmt es nicht, dass über alle eine Flut von Gefühlen hereinbricht. Oft ist man ziemlich unsicher, was man für jemand empfindet, obwohl man mit ihm oder ihr zusammen ist. Es kann einem wichtig sein, überhaupt mit jemand zusammen zu sein, oder man findet alles ganz okay, ohne besonders viel dabei zu empfinden.

Meinungsumfragen

Meinungsumfragen werden zu ganz verschiedenen Themen veröffentlicht. Betrachtet man sie kritisch, tun sich viele Fragen auf:

- Kann man sicher sein, dass alle ehrlich geantwortet haben?
- Wie genau lautete die Frage?
- Was für Menschen wurden befragt? Jungen oder Mädchen, Männer oder Frauen?
- Wie alt waren sie?
- Wo wohnten sie?
- Wie viele Personen wurden befragt?

Dieses Thema berührt viele interessante philosophische Fragen. Du könntest zum Beispiel zum Kapitel *Andere Menschen* zurückblättern (Seite 22) und über die Frage nachdenken, was man über die Gefühle und Gedanken anderer Menschen wissen kann. Auch das Kapitel *Schlussfolgerungen* (Seite 79) könntest du dir noch einmal ansehen.

Schönheitswettbewerb

Stell dir vor, du bist gemeinsam mit ein paar Freunden für den Inhalt der Schülerzeitung verantwortlich. Jemand macht den Vorschlag, einen Schönheitswettbewerb zu veranstalten, um darüber später in der Zeitung berichten zu können.

Zunächst versucht ihr, das Wort »Schönheit« zu definieren. Was bedeutet »Schönheit«? Du kannst in einem Wörterbuch nachschlagen. Dort steht vielleicht etwas von »hübsch« oder »ästhetisch«. Was ist damit gemeint?

Denke gründlich darüber nach und finde Argumente, die für oder gegen einen Schönheitswettbewerb sprechen.

22

Der freie Wille

Wenn dich mal jemand beschimpft oder sich über dich beschwert, kannst du ihn bitten, sich zu beruhigen und noch einmal in Ruhe nachzudenken. Vielleicht konntest du gar nicht anders handeln. Du hast es getan, weil dir keine andere Wahl blieb. Allein der Gedanke an diese Möglichkeit sollte dazu führen, dass der andere sich beruhigt.

Zwei Aussagen

1. Alles hat eine Ursache.
2. Der Mensch besitzt einen freien Willen.

Der Gedanke, dass alles eine Ursache hat, wirkt überzeugend. Dinge geschehen nicht einfach von allein. Sie werden von etwas verursacht. Auch der Annahme, dass wir einen freien Willen besitzen, stimmen die meisten Menschen zu. Du bist dir bewusst, dass du Entscheidungen triffst. Aber es kann schwierig sein, die beiden Aussagen miteinander zu verbinden.

Dilemma

Ein »Dilemma« bezeichnet eine Situation, in der von zwei möglichen Lösungen beide gleich schlecht sind.

Auf unser Beispiel bezogen: Wenn alles eine Ursache hat, dann scheinst du keinen freien Willen zu haben. Was du tust, wird durch das bestimmt, was vorher geschehen ist, und was vorher geschehen ist, ist davon abhängig, was davor geschehen ist.

Oder es geschehen Dinge aus reinem Zufall. Auch die haben nichts mit deinem freien Willen zu tun.

Vielleicht ist es wahr, dass alles eine Ursache hat, und gleichzeitig wahr, dass wir einen freien Willen besitzen?

Vielleicht ist auch beides unwahr, aber gehe davon aus, dass beides wahr ist, wenn du über dieses Problem nachdenkst.

Schicksal

Die Vorstellung, dass alles eine Ursache hat, heißt nicht, dass alles von einem Gott oder vom Schicksal vorherbestimmt ist.

Leute, die alles für vorherbestimmt halten, nennt man »Fatalisten«. Fatalisten denken ungefähr so an die Zukunft, wie die meisten von uns an die Vergangenheit denken. Wir sagen, dass die Vergangenheit sich nicht ändern lässt. Dass du gestern dein gesamtes Taschengeld für Süßigkeiten ausgegeben hast, lässt sich heute nicht mehr ändern. Fatalisten denken, dass sich auch die Geschehnisse der Zukunft nicht beeinflussen lassen.

Verschiedene Deutungen

»Eine bestimmte Person hätte in einer bestimmten Situation auch anders handeln können.« Was bedeutet diese Aussage?

Man kann sie unterschiedlich verstehen. Du kannst zum Beispiel denken, niemand habe diese Person daran gehindert, sich so zu verhalten, wie sie es getan hat. Oder niemand habe sie zu etwas gezwungen, was sie nicht wollte. Eine gewisse Wahlmöglichkeit muss die Person allerdings gehabt haben.

Wir erleben, dass wir eine Wahl treffen

Welche Gründe lassen uns glauben, dass wir einen freien Willen besitzen? Der überzeugendste Grund ist vielleicht, dass wir uns selbst dabei erleben, dass wir eine Wahl treffen. Wenn du lieber Softeis als Eis am Stiel kaufst, bist du davon überzeugt, dass du es bist, der eine Wahl trifft. Deine eigenen Erlebnisse und Erfahrungen sagen dir, dass du einen freien Willen besitzt.

Aber beeinflussen nicht auch die Umstände, die dich zu der Person gemacht haben, die du heute bist, deine heutige Wahl? Wenn du früher zum Beispiel sehr oft Softeis bekommen hättest, wäre Eis am Stiel heute vielleicht etwas ganz Besonderes für dich, und du hättest dich dafür entschieden. Aber ich hätte mich doch sowieso für das Eis am Stiel entscheiden können, denkst du vielleicht. Aber es ist eine Tatsache, dass du es nicht getan hast, was heißt also, du hättest es tun *können*? Die Frage ist, ob wir wirklich einen freien Willen besitzen oder ob wir uns nur einbilden, ihn zu besitzen.

Kein freier Wille – keine Verantwortung

Dieser Zusammenhang ist besonders wichtig für die Fragen, die am Anfang dieses Kapitels behandelt wurden. Wenn man zum Beispiel einen Mord begangen oder jemandem das Leben gerettet hat, dann scheint es nur sinnvoll, die handelnde Person dafür verantwortlich zu machen, wenn man von ihrem freien Willen ausgeht. Denn wäre es nicht ungerecht, dich für dein Verhalten zu bestrafen oder zu belohnen, wenn du ohnehin keine Wahl hattest?

Ein Mensch kann, was er will, aber er kann nicht wollen, was er will. (Schopenhauer)

23

Moral

»Die Jugend von heute kennt keine Moral«, heißt es manchmal. »Bringt den Kindern bei, was Ethik und Moral sind.«

Was bedeutet »Moral«? Und »Ethik«, was ist das? Beides handelt davon, was richtig und was falsch ist. Was man tun und was man nicht tun sollte. Manche glauben, genau zu wissen, was richtig und was falsch ist. Doch wenn man etwas gründlicher darüber nachdenkt, ist es gar nicht so einfach.

»Ethik« und »Moral«

Viele Philosophen meinen, »Ethik« und »Moral« seien Synonyme, haben also dieselbe Bedeutung. Der einzige Unterschied besteht darin, dass Ethik sich vom griechischen Wort »ethos« ableitet, das so viel wie »Gewohnheit« oder »Brauch« bedeutet, während Moral vom lateinischen Wort »moralis« abstammt, das »die Sitten betreffend«, also »Sittlichkeit« im Allgemeinen heißt.

Der Satz »Wir müssen den Kindern Ethik und Moral beibringen« ist fast so, als würde man sagen: »Die Kinder müssen lernen, zu rechnen und zu rechnen.« Wer im selben Satz von »Ethik und Moral« spricht, sollte definieren, was er damit meint. Wenn du das nächste Mal jemand davon reden hörst, kannst du ihn oder sie einfach fragen, worin für ihn der Unterschied zwischen Ethik und Moral besteht. Schließlich ist es für euch beide wichtig, zu wissen, was er damit meint.

In diesem Buch wird zwischen diesen beiden Begriffen kein Unterschied in der Bedeutung gemacht.

Gesetz und Moral

Man muss unterscheiden, was man den Gesetzen zufolge, die von den Politikern gemacht werden, tun *darf* und was man der Moral zufolge tun *sollte*. Was juristisch, also durch die Gesetze, verboten ist, könnte ja trotzdem richtig im Sinne von »moralisch vertretbar« sein. Den Gesetzen zufolge ist es verboten, einen Flüchtling bei sich zu verstecken. Gleichzeitig kann man aber intensiv fühlen, dass man sich so verhalten sollte.

Doch nicht alle sind der Meinung, es gebe einen Unterschied (eine Distinktion) zwischen »Gesetz« und »Moral«. Manche meinen, die Gesetze geben darüber Auskunft, was richtig und was falsch ist. Punkt, aus.

Gesetzlich verboten, aber moralisch erlaubt

Was hältst du von der Unterscheidung zwischen Gesetz und Moral, zwischen Recht und Gerechtigkeit?

Fällt dir etwas ein, was gesetzlich verboten, also illegal ist, das du aber trotzdem als moralisch »richtig« und vertretbar empfindest?

Unterlassene Hilfeleistung

Wenn jemand im Wasser um Hilfe ruft, dann würden es wohl alle als falsch (unmoralisch) empfinden, dieser Person nicht zu helfen. Mit anderen Worten, es kann auch unmoralisch sein, etwas nicht zu tun. Es ist genauso schlimm, jemand ins Wasser zu stoßen, wie ihn nicht herauszuziehen, wenn man es könnte.

Dennoch gibt es tatsächlich eine Menge Dinge, die wir nicht tun: Wir schicken armen Menschen in anderen Ländern kein Geld. Wir helfen nicht immer unseren Freun-

den, die uns brauchen. Wir schenken Kindern, die überhaupt nichts haben, nicht einfach unsere Spielsachen. Es scheint fast unmöglich, alles aufzuschreiben, was wir nicht tun, obwohl wir es doch tun sollten. Hast du ein paar Vorschläge?

Mary und Jodie

In England wurde im Jahr 2000 ein siamesisches Zwillingspaar geboren. Mary und Jodie waren zusammengewachsen. Indem man ihre Körper operativ voneinander trennte, rettete man Jodies Leben. Ohne Operation wären beide Kinder innerhalb von kurzer Zeit gestorben. Ein Gericht ordnete die Operation gegen den ausdrücklichen Willen der Eltern an. Die Eltern sind religiös und finden, Gott allein dürfe über das Schicksal der Kinder entscheiden. Durch die Operation konnte eines der Mädchen überleben. Die Eltern waren gegen die Operation, denn ihrer Meinung nach ist sie die Ursache für den Tod des anderen Mädchens.

Wie soll man die gesamte Situation beurteilen?

24

Regeln

Jede Schule hat eine Hausordnung, die darüber Auskunft gibt, wie man sich in der Schule verhalten soll. So ist es zum Beispiel verboten, Mitschüler zu schlagen oder Einrichtungsgegenstände zu beschädigen.

Auch zu Hause und in der Gesellschaft gibt es Regeln. Manche dieser Vorschriften, die das Leben in der Gesellschaft regeln, bezeichnen wir als »Gesetze«. Aber ist es immer richtig, Regeln und Gesetze zu befolgen?

Gibt es Regeln, die immer gelten?

Fast alle Menschen sind sich einig, dass es eine Regel gibt, die unter allen Umständen eingehalten werden muss: Niemand darf einen anderen Menschen töten. Und doch kann man sich Situationen vorstellen, in denen das Töten erlaubt wäre.

Stell dir vor, ein Verrückter steht mit einem Maschinengewehr vor eurer Klasse und will euch alle erschießen. Eine Person hat die Möglichkeit, den Verrückten mit einem Jagdgewehr zu töten.

Gibt es irgendeinen Grund, dies nicht zu tun?

Keine Regel ohne Ausnahme

Sieh dir folgende Aussage an:

»Es gibt keine Regel ohne Ausnahme.«

Wenn dies eine Regel ist, kann sie nicht stimmen, denn dann gäbe es doch eine Regel ohne Ausnahme, nämlich: »Es gibt keine Regel ohne Ausnahme.«

Regeln auf der Insel

Wir befinden uns wieder auf der Insel. Ihr sollt die Regeln für euer Zusammenleben festlegen. Es gibt zwei verschiedene Ansichten: Die einen wollen, dass ihr Regeln aufstellt, die genau vorschreiben, was man tun und was man nicht tun darf. Sie haben auch schon zwei Vorschläge für solche Regeln gemacht:

- Man darf nicht töten oder jemandem Schaden zufügen.
- Man darf nicht stehlen.

Die anderen sind der Meinung, dass es keine Regeln gibt, die immer gelten.

Darf man auch in Notwehr niemandem Schaden zufügen oder stehlen, um ein Leben zu retten?

Moralisch gerechtfertigt

Kannst du dir eine Situation vorstellen, in der du das Gesetz brechen würdest? Natürlich kennst du nicht alle deutschen Gesetze, aber denke an solche Gesetze wie das Verbot, zu stehlen, jemand Gewalt anzutun oder zu töten.

Sind alle Gesetze moralisch?

Vor gar nicht so langer Zeit gab es in den USA noch ein Gesetz, das Farbigen verbot, denselben Bus zu benutzen wie Weiße oder in dasselbe Kino zu gehen wie sie.

Auch Frauen hatten früher nicht dieselben Rechte wie Männer und so ist es in vielen Ländern noch heute.

Ziviler Ungehorsam

Wenn jemand bewusst ein Gesetz bricht, weil er sich moralisch dazu verpflichtet fühlt, bezeichnen wir das als »zivilen Ungehorsam«. Der Zweck liegt darin, eine öffentliche Diskussion in Gang zu setzen. Es kann darum gehen, ein Gesetz ändern zu wollen oder Beschlüsse, die man für falsch hält, rückgängig machen zu wollen.

Ziviler Ungehorsam kann sich zum Beispiel gegen Waffenlieferungen, gegen den Bau bestimmter Straßen oder auch gegen das Fällen von Bäumen richten.

Eine Definition von zivilem Ungehorsam

1. Man verstößt wissentlich gegen ein Gesetz, eine Vorschrift oder eine Anweisung.
2. Man bleibt am Ort des Geschehens und wartet, bis man festgenommen wird.
3. Man wendet selbst keine Gewalt an. (Auf Seite 114 kannst du mehr über den Verzicht auf Gewalt lesen.)

Vandalismus

Im Fernsehen und in der Zeitung wird ziviler Ungehorsam manchmal mit Vandalismus, also blinder Zerstörungswut, verwechselt.

Manche so genannte Aktivisten finden es wichtig, Dinge zu zerstören, damit sie überhaupt Aufmerksamkeit erregen und von der Öffentlichkeit beachtet werden. Doch es gibt auch Aktivisten, die zivilen Ungehorsam ausüben, aber auf Gewalt vollkommen verzichten.

25

Gewalt

»Wir müssen die Gewalt stoppen!«

Hast du diesen Ausruf schon mal gehört? Es wird viel über Gewalt geredet, und manchmal hat es den Anschein, als ginge es um eine Sache oder um ein gefährliches Tier. Käme man von einem anderen Planeten, würde man sich wahrscheinlich verwundert fragen, wer diese »Gewalt« ist.

Wir wissen, dass Gewalt nicht von allein entsteht. Gewalt wird von Menschen verübt, aber was heißt das eigentlich?

Was ist Gewalt? Viele denken nicht genauer darüber nach, weil es so eindeutig erscheint: Jemand schlägt einem anderen ins Gesicht, tritt ihn oder sticht sogar mit einem Messer zu. Gewalt ist Gewalt, fertig, aus.

Bitte einmal deine Lehrer oder deine Eltern, Gewalt zu definieren. Es wird ihnen nicht leichtfallen.

Psychische Gewalt

Vielleicht muss man einen anderen Menschen gar nicht berühren, um ihm Gewalt anzutun.

Stell dir vor, Anna hätte dich seit langem geärgert. Jetzt willst du es ihr heimzahlen. Du schikanierst sie, indem du ihr immer wieder anonyme Drohbriefe in den Ranzen steckst.

Ist das nicht auch eine Form von Gewalt? Siehst du einen wesentlichen Unterschied darin, jemand Drohbriefe zu schicken oder diese Person zu schlagen? Ist das eine schlimmer als das andere?

Verzicht auf Gewalt

Weil es auf eurer Insel so viel Gewalt gegeben hat, schlagen einige eine neue Regel vor: Alle Streitigkeiten und Konflikte sollen ohne Gewalt gelöst werden. Als es zur Abstimmung kommt, schreien einige, dass sie keine Abstimmungen mehr wollen. Sie wollen selbst entscheiden. Dann schnappen sie sich alle wichtigen Werkzeuge und verschwinden.

Wie verhaltet ihr euch?

Ein neuer Konflikt

Nimm an, ihr seid euch einig, alle Konflikte ohne Gewalt zu lösen. Eines Tages kommt es zu einem Streit. Du und ein paar andere wollt nicht, dass diejenigen, die im Wald wohnen, genau vor eurer Hütte baden. Der Strand ist doch schließlich lang genug. Die Waldbewohner werden wütend. Gäbe es die neue Regel nicht, würden sie euch verprügeln.

Stattdessen haben sie eine Idee, wie sie euch eins auswischen können. Sie benutzen den Bach, aus dem ihr alle euer Trinkwasser holt, als Toilette. Aber natürlich unterhalb der Stelle, an der sie selbst Wasser holen. Das Wasser wird verunreinigt und ihr werdet krank.

Was unternehmt ihr?

Eine Regel

Wie soll man eine Regel formulieren, damit sie in allen denkbaren Fällen Bestand hat? In Bezug auf unser Beispiel sollte man beispielsweise genau festlegen, was mit »Gewalt« gemeint ist.

Denk daran, dass man es kaum als »Gewalt« bezeichnen kann, wenn man jemand durch einen Unfall Schaden zufügt. Denk auch daran, dass es wehtun kann, jemand einen Glassplitter aus dem Fuß oder einen Angelhaken aus der Haut zu ziehen, aber auch das lässt sich im Grunde nicht als »Gewalt« bezeichnen.

26

Verbrechen und Strafe

Was geschieht, wenn man gegen die Schulordnung verstößt? Wird man bestraft? Die Schulen regeln dies unterschiedlich, aber manche haben Strafen vergangener Zeiten wie das Nachsitzen wieder eingeführt, während andere nicht einmal davor zurückschrecken, Schulschwänzer von der Polizei abholen zu lassen. Vermutlich wird damit beabsichtigt, die Schüler abzuschrecken und ihnen klarzumachen, dass ein gewisses Verhalten nicht toleriert wird. Aber warum soll man Menschen überhaupt bestrafen? Es gibt heute nur noch wenige, die glau-

ben, Menschen würden sich dadurch bessern. Doch immer noch bestrafen wir Menschen für verschiedene Arten von Verbrechen. Warum?

Der Sinn der Strafe

- Man nimmt an, dass Menschen Angst davor haben, bestraft zu werden. Eine angedrohte Strafe soll Menschen abschrecken, ein Verbrechen zu begehen oder gegen Regeln zu verstoßen.
- Es kann auch darum gehen, andere Menschen vor Verbrechern zu schützen. Wer im Gefängnis sitzt, kann nichts Schlimmes mehr tun.
- Einem Gedanken aus dem alten Testament zufolge soll derjenige, der etwas verbrochen hat, in gleichem Maße leiden, wie er Leid zugefügt hat. Vielleicht hast du schon einmal die Redewendung gehört: »Auge um Auge, Zahn um Zahn.«

Wenn Strafe nicht hilft

Viele Schüler widersetzen sich der Schulordnung, obwohl sie wissen, dass sie bestraft werden. Dafür gibt es verschiedene Erklärungen: Möglicherweise haben sie über ihr Verhalten nicht richtig nachgedacht. Oder sie schaffen es nicht, die Regeln einzuhalten, obwohl sie es versuchen. Oder die Regeln sind ihnen egal, und sie finden es sogar cool, bestraft zu werden.

Was soll man mit Schülern tun, die ihre Mitschüler einfach nicht in Ruhe lassen oder ihnen immer wieder Gewalt antun?

Wie könnte man für die Einhaltung der Schulordnung sorgen?

Todesstrafe für zu schnelles Fahren?

Wäre es gerecht, einen Menschen zum Tod zu verurteilen, weil er vor der Schule zu schnell gefahren ist? Glaubst du, jemand würde sich danach noch trauen, zu schnell zu fahren?

Oder warum nicht zehn Jahre Gefängnis für den, der eine abfällige Bemerkung über das Aussehen eines anderen Schülers macht?

Einen opfern, um viele zu retten

Kann es richtig sein, einen Unschuldigen für ein Verbrechen zu bestrafen, das er nicht begangen hat? Angenommen, man kann dadurch Schlimmeres verhindern?

Stell dir vor, auf eurer Nachbarinsel ist ein Tier getötet worden. Die Einheimischen halten dieses Tier für heilig und fordern eine harte Bestrafung des Täters. Sie haben jemand von eurer Insel im Verdacht, doch niemand gesteht die Tat.

Die Stimmung verschlechtert sich, und sie drohen, euch auszuhungern, wenn ihr ihnen den Schuldigen nicht ausliefert. Euch auszuhungern, bedeutet, dass sie sich weigern, euch in Zukunft noch wichtige Waren zu verkaufen, die ihr zum Überleben braucht. Die Strafe für die Tötung eines heiligen Tieres besteht in drei Wochen harter Sklavenarbeit. Da niemand die Tat gestehen will, überlegt ihr, jemand zur Bestrafung auszuwählen, um alle anderen zu retten.

Was sagst du dazu?

27

Tiere

Magst du Salami? Oder vielleicht Hähnchen? Oder Hackfleisch? Dass Menschen Fleisch essen, ist normal. Aber ist es auch richtig, Tiere zu essen?

Brauchen wir Fleisch?

Ein gängiges Argument besagt, dass unser Körper Fleisch benötigt. Aber das stimmt nicht, egal was der Schularzt oder sonst jemand dazu sagt. Das Argument ist nicht stichhaltig.

Es kann jedoch gefährlich sein, überhaupt kein Fleisch mehr zu essen, denn es muss durch andere Nahrungsmittel ersetzt werden. Für viele kann eine rein vegetarische Ernährung problematisch sein, weil der Körper eventuell Schwierigkeiten bekommt, gewisse Nährstoffe aufzunehmen. Auch schwere Allergien können für Vegetarier zum Problem werden.

Tradition

Ein anderes Argument für das Essen von Fleisch ist, dass die Menschen schon immer Fleisch gegessen haben. Aber wenn du gründlich über dieses Argument nachdenkst, wirst du merken, dass es nicht überzeugend ist. Ein Tipp: Lies noch einmal, was auf Seite 15 über relevante und überzeugende Argumente steht.

Persönliche Gründe

Was hast du selbst für Gründe, um Fleisch zu essen? Was könnte dich dazu bringen, auf das Essen von Fleisch zu verzichten? Was könnte dich dazu bringen, Fleisch zu essen, falls du Vegetarier bist?

Unterschied und Gemeinsamkeit

Zwischen Mensch und Tier gibt es einen wichtigen Unterschied. Er besteht darin, dass wir Menschen glauben, uns frei entscheiden zu können. Tiere scheinen diese Fähigkeit zur Entscheidung nicht zu haben. Aber es gibt auch eine Gemeinsamkeit, die darin besteht, dass bestimmte Tiere leiden können, genau wie wir.

Mehr Tiere

Wenn wir keine Tiere äßen, würden viele Tiere gar nicht erst geboren werden, weil wir viele Tiere züchten, nur um sie später essen zu können. Wenn wir mehr Tiere äßen, würden mehr Tiere geboren. Wir könnten dafür sorgen, dass es ihnen gut ginge und dass sie schmerzlos getötet würden.

- Sollten wir vielleicht mehr Fleisch essen?
- Ist ein kurzes Leben besser als gar keines?

Gleiches Recht für alle

Manche sind der Meinung, dass Tiere nicht schlecht behandelt, getötet oder gegessen werden dürfen, weil es sich um lebende Wesen handelt, die dasselbe Recht zu leben haben wie wir.

Was meinst du? Gilt das für alle Tiere?

Tierversuche

Wir essen Tiere nicht nur. Wir führen mit ihrer Hilfe auch zahlreiche wissenschaftliche Versuche durch. Es gibt zwar auch Seife, Shampoo und Make-up zu kaufen, deren Inhaltsstoffe nicht an Tieren ausprobiert wurden, doch die meisten solcher Produkte wurden anhand von Tierversuchen getestet. Dasselbe gilt für viele Medikamente.

Stell dir vor, ein Forscher hätte eine Medizin entwickelt, die eine lebensgefährliche Krankheit heilen könnte. Doch zunächst muss sie getestet werden, denn die Medizin könnte auch die gegenteilige Wirkung haben und man könnte daran sterben. Es besteht die Möglichkeit, die Medizin an einem Gorilla oder an einem Menschen auszuprobieren.

Was sollte man tun?

28

Wahl

»Denk gut nach, damit du dich richtig entscheidest«, heißt es manchmal. Es stimmt aber nicht, dass du dich in jedem Fall richtig entscheidest, nur weil du gründlich nachgedacht hast. Auch wenn du weißt, was du willst, kannst du dich falsch entscheiden.

Manche halten schon die Möglichkeit, eine Wahl zu haben, für eine gute Sache. Es kann aber auch schön sein, sich nicht entscheiden zu müssen. Sich dafür zu entscheiden, sich nicht entscheiden zu müssen, kann auch eine Wahl sein. Sollte man diese Wahl nicht viel öfter haben?

In diesem Halbjahr haben wir Handarbeiten, das macht unheimlich viel Spaß. Nächstes Halbjahr haben wir Werken. Wie gut, dass man sich nicht entscheiden muss, denn Werken macht auch unheimlich viel Spaß.

(Valda, 9 Jahre)

Wahlmöglichkeiten

Angenommen, du kannst dir ein Hobby aussuchen. Folgende Möglichkeiten fallen dir ein:

- Turmspringen
- Karate
- Fußball
- Reiten

Denke gut darüber nach, was du tun willst. Alles scheint verlockend. Du sollst dir kein Hobby aussuchen, nur weil ein Freund dasselbe hat.

Was geht dir durch den Kopf?

Versuche, dir auch vorzustellen, wie es in der Zukunft sein wird, wenn du entweder ein guter Turmspringer oder ein geübter Fußballer sein wirst.

Vielleicht findest du es cooler, gut in Karate, als gut im Reiten zu sein; außerdem kann man Karate auch zu Hause trainieren. Es gibt viele Aspekte, über die man nachdenken kann. Natürlich gibt es noch ganz andere Möglichkeiten als Turmspringen, Karate, Fußball und Reiten, aber erst einmal sollst du dich für eine dieser vier Sportarten entscheiden. Eine Wahl fällt umso schwerer, je mehr Möglichkeiten man hat.

Wichtige Entscheidungen

Oft entscheidest du dich zwischen zwei Dingen, ohne der Wahl an sich viel Beachtung zu schenken. Ob du Tee oder Saft trinken möchtest, zum Beispiel.

Fallen dir Situationen ein, in denen es besonders wichtig ist, gründlich nachzudenken, bevor man sich entscheidet?

Der Unterschied zwischen richtig und vernünftig

Angenommen, die Bewohner eurer Insel wollen angeln. In einer der Gruppen gibt es einen Angelexperten. Er verwendet viel Mühe darauf, das Wasser rund um die Insel zu erforschen. Dann stellt er mit großer Sorgfalt Angeln und Haken her und sagt allen Mitgliedern seiner Gruppe ganz genau, wo sie sich zum Angeln aufstellen sollen. Du und deine Freunde hingegen wählt eure Angeln sowie die Angelplätze, indem ihr eine Münze werft.

Nach einer Stunde hast du fünf Fische gefangen; die Gruppe des Angelexperten noch keinen einzigen. Offensichtlich hast du die richtige Entscheidung hinsichtlich deiner Angel und des Angelplatzes getroffen – schließlich warst du erfolgreich. Aber man kann nicht gerade behaupten, dass du vernünftig gehandelt hast.

Die richtige Entscheidung zu treffen, ist etwas anderes, als die vernünftigste, am meisten durchdachte Entscheidung zu treffen.

Fürsorge aus Vernunft

Erinnerst du dich an das Kapitel über Gerechtigkeit und die Theorie des Aufstellens von Regeln »hinter dem Schleier der Unwissenheit«? Es ging um das Gedankenspiel, wie man eine gerechte Gesellschaft schafft, indem man sich Regeln ausdenkt, *bevor* man weiß, welchen Platz man in dieser Gesellschaft einnehmen wird. Es scheint am vernünftigsten, das Zusammenleben so zu gestalten, dass die Ärmsten der Gesellschaft es so gut wie möglich haben.

Die Wahrsagerin

Madame Mim behauptet, die Zukunft vorhersagen zu können. Sie zeigt dir zwei Schubladen, eine schwarze und eine weiße. In der weißen Schublade liegen 100 Euro. Die schwarze Schublade ist leer. Sie bittet dich, den Raum zu verlassen und in fünf Minuten wiederzukommen. Wenn du zurückkommst, darfst du dir aussuchen, ob du den Inhalt der schwarzen Schublade oder den Inhalt beider Schubladen haben möchtest.

»Während du fort bist, werde ich 1000 Euro in die schwarze Schublade legen, wenn ich voraussehe, dass du nur die schwarze Schublade wählst. Doch wenn ich voraussehe, dass du dich für beide Schubladen entscheidest, dann werde ich kein Geld in die schwarze Schublade legen«, sagt Madame Mim.

Als du zurückkommst, zeigt sie dir die 100 Euro in der weißen Schublade, während die schwarze verschlossen ist. Du weißt, dass fast alle, die sich für beide Schubladen entschieden haben, 100 Euro bekamen, während fast alle, die nur die schwarze wählten, mit 1000 Euro belohnt wurden.

In Anbetracht dieses Wissens scheint es vernünftig, sich nur für die schwarze Schublade zu entscheiden. Doch in diesem Moment geht dir durch den Kopf, dass du auch beide wählen könntest. Die 100 Euro müssten sich immer noch in der weißen Schublade befinden. Madame Mim kann vielleicht in die Zukunft sehen, aber wie soll sie allein durch die Kraft ihrer Gedanken Geld aus einer Schublade verschwinden lassen? Entscheidest du dich für beide Schubladen, bekommst du vielleicht 1100 Euro. Wenn die schwarze leer ist, bekommst du immerhin 100.

Wie entscheidest du dich und warum?

29

Ein Spiel

Wie man sich entscheidet, hängt natürlich oft davon ab, worum es geht.

Angenommen, du sollst dich zwischen zwei Spielen entscheiden. Deine Chancen, die Spiele zu gewinnen, sind gleich groß. Bei dem einen Spiel bekommt der Verlierer 50 und der Gewinner 100 Euro. Beim anderen Spiel bekommt der Verlierer 20 und der Gewinner 1000 Euro.

Für welches Spiel entscheidest du dich?

Das Gefangenen-Dilemma

Wie man sich entscheidet, hängt manchmal auch von der Entscheidung anderer Personen ab. »Das Gefangenen-Dilemma« ist ein Gedankenspiel, das eine solche Situation beschreibt:

Donner-Karlsson und Blom haben einen Haufen kleinerer Verbrechen begangen. Außerdem haben sie Pippis Koffer gestohlen, der voller Goldstücke ist. Die Polizei hat zwar Beweise für ihre früheren Verbrechen, kann jedoch nicht beweisen, dass sie Pippis Koffer gestohlen haben. Um sie dafür verurteilen zu können, müssen Donner-Karlsson und Blom ein Geständnis ablegen. Beide werden in verschiedene Gefängniszellen gesperrt, wo man ihnen, getrennt voneinander, folgendes Angebot macht:

»Wenn du gestehst, den Koffer mit dem Gold gestohlen zu haben, und dein Komplize leugnet die Tat, dann wird dir die Strafe erlassen. Dein Komplize bekommt 20 Jahre aufgebrummt, aber du wirst freigelassen. Umgekehrt gilt dasselbe: Wenn dein Komplize gesteht und du leugnest, wird dein Komplize auf freien Fuß gesetzt, und du musst für 20 Jahre ins Gefängnis.

Wenn ihr beide gesteht, werdet ihr beide zu zehn Jahren Gefängnis verurteilt.

Leugnet ihr beide, werdet ihr wegen der anderen Verbrechen zu je zwei Jahren Gefängnis verurteilt.«

Für beide scheint es das Beste zu sein, die Tat zu leugnen. Andererseits wäre es für Donner-Karlsson das Beste zu gestehen, solange Blom leugnet, was umgekehrt natürlich auch für Blom gilt.

Was ist, wenn Blom gesteht?, denkt Donner-Karlsson. Dann sollte ich ebenfalls ein Geständnis ablegen. Zehn Jahre Gefängnis sind immer noch besser als 20 Jahre Gefängnis. Und falls Blom nicht gesteht, ist es für mich sowieso besser, zu gestehen, denn dann komme ich frei, und das ist natürlich noch viel besser als die zwei Jahre Gefängnis, die wir beide aufgebrummt kriegen, wenn Blom und ich leugnen.

Für Donner-Karlsson wäre es also das Beste, zu gestehen, *unabhängig* davon, was Blom tut. Für diesen gilt dasselbe. Die Polizei hat schließlich beiden dasselbe Angebot gemacht. Also sollte Blom in jedem Fall gestehen, unabhängig davon, was Donner-Karlsson tut.

Was geschieht, falls beide so denken?

Wie viele nimmst du?

Es gibt 100 Ein-Euro-Münzen. Du und ein Freund dürft euch abwechselnd eine nehmen. Wer die letzte Münze nimmt, verliert all sein Geld. Man darf aufhören, wann man will. Wer die meisten bekommt, gewinnt. Du fängst an.

Wann nimmst du deine letzte Münze?

30

Wissenschaft

Was ist »Wissenschaft«? Bestimmt nicht das, was uns die Fernsehwerbung vermittelt: freundliche Zahnärzte in weißen Kitteln, die in hübsch eingerichteten Forschungslabors sitzen. Doch eines ist sicher: »Wissenschaft« ist etwas, was im Allgemeinen als positiv und notwendig angesehen wird.

In der Werbung werden eine Menge Hautkremes mit »wissenschaftlich erwiesener« Wirkung gegen Falten oder »in Forschungslabors entwickelte« Haarshampoos angeboten. Das Thema Wissenschaft berührt viele philosophische Fragen, die wir bereits behandelt haben, du kannst also immer wieder zu anderen Kapiteln zurückblättern.

Wissenschaft = systematisiertes Wissen

Wissenschaftliches Arbeiten dreht sich in mancher Hinsicht um die Schaffung von Kategorien. Darum, die Ähnlichkeit zwischen Dingen zu entdecken. Festzustellen, dass Ereignisse, Erlebnisse oder Sachen zur selben Kategorie gehören. Lies noch einmal über *Gleichheit* auf Seite 32.

Wissenschaft und Alltag

Auch der Unterrichtsstoff, der in der Schule behandelt wird, basiert auf verschiedenen Wissenschaften. Ein Großteil dessen, was wir über Krankheiten und Medizin wissen, ist das Ergebnis wissenschaftlicher Forschung. Geforscht wird in vielen Bereichen: über die Nahrung, die du zu dir nimmst; über die Strahlenbelastung von Handys, über Einsamkeit, über das Verhalten von Jugendlichen, Mobbing, ägyptische Könige, Waschmittel und eine Menge anderer Dinge. Einerseits kann diese Forschung unseren Alltag einfacher gestalten, andererseits kann sie das Wohlergehen anderer Menschen einschränken oder die Ressourcen der Erde in Mitleidenschaft ziehen.

Forschung

Manchmal werdet ihr in der Schule aufgefordert zu forschen. Aber in der Schule wird dieser Begriff anders verwendet als in der Wissenschaft. In der Schule besteht Forschen darin, Dinge quasi auf eigene Faust zu untersuchen, während ein Forscher daran arbeitet, Neues zu entdecken und diese Entdeckungen allgemein bekannt zu machen.

Wie wichtig ist erforschtes Wissen?

Gibt es auch unnötige Forschung?

Nimm an, du hättest die Möglichkeit, wissenschaftlich zu arbeiten. Welcher Frage würdest du gerne auf den Grund gehen?

Wann ist eine Wissenschaft eine Wissenschaft?

Als forschender Wissenschaftler kann man nicht einfach tun und lassen, was einem gefällt. Man muss sich inner-

halb eines gewissen Rahmens bewegen. Man muss beweisen und andere davon überzeugen können, dass die wissenschaftlichen Ergebnisse mehr sind als bloße Behauptungen. Diese Ergebnisse müssen sich gegenüber bisherigen Ansichten durchsetzen.

Grenzen der Wissenschaft

Es scheint keine überzeugenden Gründe dafür zu geben, ernsthaft Aussagen über den Charakter eines Menschen machen zu können, die darauf beruhen, wie die Planeten am Tag seiner Geburt zueinander standen. Es gibt also gute Gründe, die Astrologie nicht als Wissenschaft zu bezeichnen.

Auch die Akupunktur wurde in der westlichen Welt lange Zeit mit Skepsis betrachtet. Doch längst wird sie auch bei uns angewendet und zeigt Wirkung, auch wenn wir diese nicht mit wissenschaftlich akzeptierten Begriffen erklären können.

Astronomie

Philosophie ist die Grundlage jeder Wissenschaft. Wenn man in früheren Zeiten den Himmel und die Himmelskörper studierte, war dies insofern eine philosophische Tätigkeit, als man Fragen stellte, die man später zu beantworten versuchte. Allmählich entwickelte man verschiedene Vorgehensweisen, mit deren Hilfe man die eigenen

Theorien überprüfen konnte. Man erfand unter anderem einen Sternengucker (Teleskop), der es möglich machte, die Himmelskörper genauer zu untersuchen und das Ergebnis mit den bisherigen Theorien zu vergleichen. Im Laufe der Zeit entwickelte sich daraus eine Wissenschaft – die Astronomie.

Was ist wirklich?

Wenn man über etwas forscht und noch keine gesicherten Erkenntnisse oder Beweise vorliegen, woher soll man dann wissen, ob man es auf die richtige Weise beschreibt? Ein Tipp: Lies noch einmal über die *Gottesperspektive* (Seite 67) und über das *Ding an sich* (Seite 72).

Zusammenhang

Wissenschaftler sind oft auf der Suche nach Zusammenhängen. Ihr Ziel ist es, Dinge herauszufinden, die immer gelten. Sie wollen wissenschaftliche Gesetze wie zum Beispiel dieses formulieren: »Reines Wasser gefriert bei einer Temperatur von null Grad Celsius zu Eis.«

Doch es kann sehr schwierig sein, Zusammenhänge zu entdecken.

Tipp: Lies noch einmal auf Seite 79, wie man zu solchen Aussagen kommt. Sieh dir auch noch einmal das Kapitel *Was sind Kenntnisse?* (Seite 64) an.

Lehrbücher und Fischstäbchen

Stell dir vor, dass du jedes Mal, bevor du deine Schulbücher in der Schule vergisst, am Tag zuvor Fischstäbchen gegessen hast. Gibt es einen Grund anzunehmen, dass zwischen dem Vergessen der Bücher und dem Essen der Fischstäbchen ein Zusammenhang besteht? Warum nicht?

Was können wir über die Zukunft wissen?

Kannst du dich an das Argument erinnern, das mit weißen Schwänen zu tun hatte? Es wurde die falsche Schlussfolgerung gezogen, *alle* Schwäne seien weiß. Diese Schlussfolgerung hatte Bestand, bis die australischen schwarzen Schwäne entdeckt wurden. Genauso können in der Zukunft jederzeit neue Informationen auftauchen, die unser altes Wissen entkräften.

31

Tod

Wäre das Leben ein Videospiel, hätte der Tod nichts Besonderes an sich. Man hätte in jedem Fall mehrere Leben. Und nach dem letzten könnte man einfach ein neues Spiel anfangen. Was eigentlich unmöglich ist, wenn man bereits gestorben ist. Die Götter des Videospiels machen es jedoch möglich.

Es ist normal, nicht sterben zu wollen. Aber dass man nicht sterben will, heißt nicht, dass man deshalb Angst vor dem Tod hat. Warum haben dennoch so viele Menschen Angst davor? Was den eigenen Tod betrifft, so ängstigt es uns vielleicht, dass wir nicht wissen, wie es ist, zu sterben. Was geschieht dann?

Hirntod

Es ist auch nicht ganz einfach zu sagen, wann ein Mensch wirklich für tot erklärt werden kann. Wann genau tritt der Tod ein? In Schweden wird man als tot betrachtet, wenn das Gehirn nicht mehr tätig ist. Früher wurde man als tot betrachtet, wenn das Herz aufgehört hatte zu schlagen.

Wenn man ins Koma fällt und vielleicht nie wieder zu Bewusstsein kommt, kann das Gehirn trotzdem noch aktiv sein. Dann ist man noch nicht richtig tot, doch ohne Bewusstsein auch nicht mehr richtig lebendig.

Vor dem Tod

Wenn das Gehirn nicht mehr arbeitet, können wir weder denken noch fühlen. Wir spüren also nichts, wenn wir tot sind. Vielleicht ist es demnach gar nicht der Tod, den wir fürchten, sondern das Sterben. Die Angst vor einer schlimmen Krankheit oder einem grässlichen Unfall. Man fürchtet sich vor dem, was passiert, *bevor* man tot ist. Und man kann sich fragen, wann dies eintreten könnte. Die meisten wissen schließlich nicht, wann und wie sie sterben werden. Da scheint es eigentlich unnötig zu sein, sich sein ganzes Leben vor dem Tod zu fürchten, wenn man am Ende 90 Jahre alt wird.

Natürlich kann einen der Gedanke erschrecken, dass man irgendwann nicht mehr existieren wird. Aber vor deiner Geburt hast du auch nicht existiert und das ist kein furchtbarer Gedanke. Warum erschreckt es einen dann, irgendwann in der Zukunft nicht mehr zu existieren?

Ein Leben nach dem Tod?

Manche glauben an die Reinkarnation, also daran, dass es ein Leben nach dem Tod gibt. Dieser Gedanke hat ein wenig Ähnlichkeit mit dem Leben in einem Videospiel. Man tröstet sich mit dem Gedanken, dass nicht alles eines Tages einfach vorbei ist, sondern dass es mehrere Leben gibt. Aber das hilft natürlich nicht, wenn man in erster Linie Angst vor dem Sterben hat.

Ist das Leben kurz?

Das Leben ist kurz, heißt es oft. Vergleicht man unsere Lebenserwartung mit der einer Schildkröte, die bis zu 150 Jahre alt werden kann, scheint unser Leben kurz, doch verglichen mit der Lebenserwartung einer Eintagsfliege scheint es geradezu unendlich lang zu sein. Viel-

leicht kommt es vor allem darauf an, was wir mit unserer Zeit anfangen; dass wir sie sinnvoll nutzen.

Was würdest du als »Zeitverschwendung« bezeichnen? Denk nach, und versuche, ein paar Argumente zu finden.

Der Tod geht uns nichts an, denn solange wir existieren, ist der Tod nicht da, und wenn der Tod da ist, existieren wir nicht mehr. (Epikur)

Welche Bedeutung könnte es für dieses Leben haben, wenn wir mehrere Leben hätten? Was genau ist es, das wiedergeboren wird? Wirst du in einem anderen Körper wiedergeboren? Bist du dann immer noch du? Bedenke, dass es dein Gehirn nicht mehr geben kann, das ist ja gestorben. Aber was von dir ist es dann? Erinnerst du dich an das Kapitel *Wer bin ich?* auf Seite 17?

32

Gott

Gibt es einen Gott? Eine spannende Frage! Aber was meinen wir eigentlich mit »Gott«?

Für manche ist Gott vielleicht nicht mehr als ein Gefühl oder eine Umschreibung für alles, was gut ist. Viele, die sagen, dass sie an Gott glauben, meinen jedoch mehr damit.

Ein wenig kompliziert ist die Vorstellung, dass Gott einerseits die Welt, also unsere *Wirklichkeit* erschaffen hat, während es andererseits schwer zu beweisen ist, dass es Gott *wirklich* gibt. Manche meinen, die Welt sei der eigentliche Beweis für die Existenz Gottes. Ohne Gott keine Welt und kein bewusstes Leben.

Ist Gott ein Thema für die Philosophie?

Manche Menschen meinen, dass die Frage, ob es einen Gott gibt, nichts mit Wissen, sondern mit Glauben zu tun hat.

Diejenigen, die nicht an Gott glauben, argumentieren

oft folgendermaßen: Würde Gott existieren, ließe er nicht so viel Leid auf der Erde zu (vergleiche den Abschnitt über das so genannte »Theodizeeproblem« in diesem Kapitel). Einige haben versucht, die Existenz Gottes zu beweisen. Im Anschluss findest du ein Beispiel für einen versuchten Gottesbeweis.

Anselms Gottesbeweis

Der Erzbischof Anselm von Canterbury (1033–1109) war Philosoph und Theologe. Er formulierte diesen Beweis für die Existenz Gottes:

Etwas, das so beschaffen ist, dass nichts Größeres gedacht werden kann (also Gott), kann unmöglich etwas sein, das nur in Gedanken existiert. Denn existierte dieses nur in Gedanken, dann könnte man sich ja etwas Größeres denken. Man könnte sich etwas denken, das exakt wie das wäre, was man in Gedanken hätte, das jedoch darüber hinaus die Eigenschaft hätte zu existieren.

Findest du, dass Anselm der Gottesbeweis gelungen ist?

Das Theodizeeproblem

Wie kann Gott Krieg, Hunger, Erdbeben und anderes Elend auf der Erde zulassen, wenn er ein gütiger Gott ist? Diese Frage bezeichnet man als »Theodizeeproblem«, und es gibt unterschiedliche Versuche, sie zu beantwor-

ten. Eine Antwort besteht darin, dass es nicht Gott war, der das Böse geschaffen hat. Er hat dem Menschen einen freien Willen gegeben und dieser wählte das Böse. Die Menschen leben also in der Sünde.

Eine andere Antwort sagt, das Böse werde gebraucht, damit der Mensch am Ende richtig gut werden könne. Eine weitere Meinung geht davon aus, dass auch das Böse zu Gottes Schöpfung gehöre und diese erst vollständig mache. Außerdem könnten wir das Gute nur wahrnehmen, wenn es auch das Böse gäbe.

Falls Gott allmächtig ist, könnte er dann nicht dafür sorgen, dass wir nicht leiden und nicht sündigen müssen?

Kann Gott alles?

Wenn Gott alles kann, kann er dann auch einen Stein schaffen, der so schwer ist, dass er ihn selbst nicht tragen kann?

33

Zeit

»Kinder haben manchmal große Schwierigkeiten, die Sache mit der Zeit zu begreifen«, sagte eine Lehrerin auf einem Elternabend. Anschließend berichtete sie, wie sie den Unterricht aufgebaut hatte, um auf einfachste Art und Weise die Sache mit der Zeit zu erklären: »Die Erde braucht ein Jahr, um sich einmal um die Sonne zu drehen, und 24 Stunden, um sich einmal um die eigene Achse zu drehen. 24 Stunden ergeben einen Tag ...«, und so weiter. Natürlich hast du keine größeren Schwierigkeiten, das zu verstehen. Aber es gibt andere Probleme mit der Zeit, über die manche Menschen noch nie nachgedacht haben.

Gibt es die Zeit überhaupt?

Was ist an der Zeit eigentlich so kompliziert? Weil man die Zeit nicht sehen kann, meinen viele, sie existiere nicht. Dennoch glauben wir doch auch an die Existenz anderer Dinge, die man nicht sehen kann, wie beispielsweise

Liebe und Freundschaft oder Atome. Natürlich sehen wir Zeichen der Liebe und Freundschaft. Genauso gibt es auch Zeichen der Zeit: Dinge nutzen sich ab und werden alt.

Außerdem: Ob die Zeit existiert oder nicht, hängt natürlich davon ab, was wir mit »Zeit« und »existieren« meinen.

Distinktion

Man kann zwischen »tatsächlicher« und »gefühlter Zeit« unterscheiden. Wenn du dich langweilst, hast du das Gefühl, die Zeit vergeht langsam. Das ist die gefühlte Zeit. Die tatsächliche Zeit ist diejenige, die für alle gleich ist und die wir meinen, wenn wir von der Uhrzeit sprechen.

Ursache und Wirkung

Was es mit der Zeit auf sich hat, lässt sich vielleicht mit den Begriffen »Ursache« und »Wirkung« erklären. Sie geben der Zeit sozusagen eine Richtung. Man könnte sagen, dass hinsichtlich der Zeit die Ursache vor der Wirkung kommt.

Ein Beispiel: Eine Scheibe wird von einem Stein getroffen, der verursacht, dass sie in Scherben zerfällt. Der Stein (die Ursache) kommt *vor* der Wirkung (die Scheibe geht kaputt). Aber die Zeit an sich verursacht gar nichts. Es ist nicht die Zeit, die dafür sorgt, dass dein Wecker klingelt.

Veränderung

Wir können die Zeit als Maß für *Veränderung* begreifen. Wenn alles immer gleich bliebe und sich nicht veränderte, könnten wir die Zeit nicht messen. Wir messen die Veränderung, auch wenn dies ein komplizierter Vorgang ist.

Gleich lang?

Die Menschen haben die Bewegungen der Erde in verschiedene Phasen eingeteilt. Wir sagen, dass jedes Mal, wenn die Erde sich einmal um die Sonne gedreht hat, ein Jahr vergangen ist. Aber woher wissen wir, dass diese Phasen immer gleich lang sind? Wie misst man das?

Was existiert?

Wir können uns auch fragen, ob die Zeit existiert, selbst wenn sich nichts verändert.

Man kann sich Raum und Zeit vielleicht als eine Art Behälter vorstellen, der unabhängig von anderen Dingen existiert. Oder ist es vorstellbar, dass es nichts als verschiedene Objekte und Phänomene gibt und weder Zeit noch Raum?

Noch eine Frage

Was antwortest du, wenn jemand dich fragt:

»Wie spät ist es auf der Sonne?«

Zeitreise

Stell dir vor, du könntest in die Vergangenheit reisen und den Urgroßvater deines Urgroßvaters treffen, als er 16 Jahre alt war. Du hast gehört, dass er ein böser Mann war, der viele Menschen getötet hat. Jetzt steht er am Abhang eines großen Berges. Du hast große Lust, ihn hinunterzustürzen.

Was tust du? Was kannst du tun?

34

Schweden-Europa-Welt

Als Schwede hört man oft, dass man »stolz« auf sein Land sein soll. Aber warum eigentlich? Was hat man für Gründe, stolz auf sein Land zu sein? Vielleicht kann man von »Glück« reden, in einem Land wie Schweden geboren zu sein; falls man dort geboren ist, versteht sich. Normalerweise braucht man in diesem Land nicht zu hungern und wir sind auch lange Zeit von Kriegen verschont geblieben. Aber worauf sollen wir stolz sein?

Schweden

Was ist »Schweden« und was ist »schwedisch«? Hat man eine Landkarte vor sich liegen, kann man mit dem Finger die schwedische Staatsgrenze entlangfahren. So gesehen ist Schweden ein Stück Land mit einigen Gewässern. Aber es muss doch wohl noch mehr sein.

»Es ist alles zusammen«, antworten einige clevere Erwachsene. »Das Land, die Regierung, das Volk, eben alles.«

Schwedische Mitbürger – gebürtige Schweden

Es besteht ein Unterschied darin, »schwedischer Mitbürger« oder »gebürtiger Schwede« zu sein.

Schwedischer Mitbürger kann im Grunde jeder werden. Wird man in den »Klub« der Schweden aufgenommen, erklärt man sich damit einverstanden, sich an die schwedischen Gesetze zu halten, und bekommt dieselben Rechte wie alle anderen Schweden auch. So ist es jedenfalls gedacht. Gebürtiger Schwede ist man, denken viele, wenn man schwedische Eltern hat und in Schweden geboren wurde.

Wer ist Schwede?

Wer gilt als »Schwede«? Dem Wörterbuch zufolge gilt eine Person, die aus Schweden kommt, als Schwede. Ist man ebenfalls Schwede, wenn die eigenen Eltern aus dem Iran kommen, aber man selbst in Schweden geboren wurde und dort lebt? Ist derjenige ein Schwede, der in Schweden wohnt und dessen Eltern und Großeltern in Schweden geboren wurden, doch dessen Vater, der ebenfalls in Schweden geboren wurde, einen Großvater hat, der aus Italien kommt?

Unser Land?

Was ist es, das uns von Schweden als »unser Land« sprechen lässt?

Einfach ausgedrückt: Wir waren zuerst hier. Aber ist das eigentlich ein guter Grund, dieses Land als »unser Land« zu bezeichnen und für andere die Grenzen zu schließen?

Auch Platz für dich

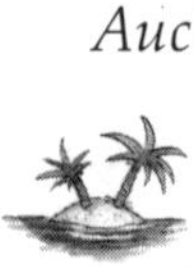

Stell dir vor, du gehst mit deinen Freunden auf einer unbewohnten Insel an Land. Ihr verteilt euch und sucht an verschiedenen Stellen nach einem geeigneten Wohnort. Wenn du einen geeigneten Platz gefunden hast, fängst du sogleich damit an, einen Zaun zu bauen, um dein Gebiet abzugrenzen. Es gehört dir, denkst du, denn du hast es schließlich zuerst entdeckt!

Angenommen, die Insel ist doch nicht unbewohnt. Du hast dein Haus an einer Stelle gebaut, die andere bereits für sich in Anspruch nehmen. Diese anderen wohnen schon seit langer Zeit auf der Insel. Sie haben auch eine Art Klub, der die Regeln festlegt, die auf der Insel gelten. Ihr und die anderen beansprucht jeder ein Recht auf diesen Platz. Du weißt zwar, dass die anderen schon vor dir auf der Insel gewohnt haben, findest aber nicht, dass sie deswegen jeden Flecken der Insel als ihr Eigentum betrachten können.

Wer ist hier im Recht? Und wo wirst du wohnen?

Europa

Wie du vielleicht weißt, ist Schweden Mitglied einer Staatengemeinschaft, die sich »Europäische Union« (EU) nennt.

Du gehörst also derselben Gemeinschaft an wie Kinder anderer europäischer Länder. Aber was bedeutet »derselben«?

Stell dir einen Verein vor. Außer dir gibt es noch zehn andere Mitglieder. Im Lauf der Zeit sind alle Gründungsmitglieder ausgetreten und von anderen Mitgliedern ersetzt worden.

Ist es immer noch derselbe Verein, und wenn ja, warum?

Die Welt

Angenommen, es gäbe keine Staaten mit eigenen Regierungen und eigenen Grundgesetzen, sondern eine für alle Menschen geltende Weltregierung. Man könnte sich vorstellen, dass gewisse geografische Regionen ihre Angelegenheiten selbst regeln dürften. Im Norden dürften die Kinder tagsüber zur Schule gehen, wenn man das für das Beste hielte, während in wärmeren Regionen die Kinder erst abends zur Schule gingen. Aber überall wäre es verboten, Kinder zu schlagen. Das hat die Weltregierung entschieden.

Man könnte die Meinung vertreten, eine Weltregierung sei keine gute Idee, weil es so schwierig ist, alles für alle zu bestimmen. Aber das wäre doch nur ein praktisches Problem, das zu lösen sein müsste.

Gibt es weitere Gegenargumente? Eines könnte sein, dass die Völker einfach zu verschieden sind. Was meinst du dazu?

35

Universum

Ungefähr 600 Jahre vor Christi Geburt begannen griechische Philosophen, die Welt zu enträtseln. Sie begnügten sich nicht mehr mit Erklärungen, die sich auf Götter oder Dämonen beriefen. Auch fanden sie sich nicht mehr mit dem Glauben ab, die Erde sei flach und der Himmel ein Gewölbe. Vergleiche mit dem Text auf Seite 136 über *Astronomie*.

Muss das Universum irgendwann entstanden sein?

Der Gedanke liegt nahe, dass alles einen Anfang hat. Aber muss es wirklich immer so sein?

Ist es nicht denkbar, dass das Universum schon immer existiert hat?

Eine Definition

Schlägt man im Lexikon unter »Universum« beziehungsweise »Weltall« nach, stößt man auf folgende Erklärung:

»Als ›Universum‹ bezeichnet man die Gesamtheit aller Himmelskörper und aller übrigen Materie und Energie sowie den diese umgebenden Raum.«

Lies die Definition noch einmal, und lass dir folgende Aussage durch den Kopf gehen: »Die Erde ist ein winziger Planet in einem unendlichen Universum.«

Was könnte damit gemeint sein?

Die Unendlichkeit des Raumes

Hier die Variante eines alten Gedankenspiels, das die Unendlichkeit des Raumes veranschaulichen soll:

Wenn das Universum eine Grenze hätte, könnte man in ihre Richtung einen Pfeil abschießen. Wenn dieser darüber hinwegflöge, gäbe es keine Grenze. Doch falls der Pfeil abprallte, müsste etwas hinter der angenommenen Grenze im Raum existieren, eine Art kosmische Mauer, die den Pfeil aufhält. Wie auch immer, der Kosmos hat keine Grenze – er ist unendlich.

Schwarze Löcher

Was, glaubst du, geschieht mit der Materie, die in den so genannten »Schwarzen Löchern« verschwindet?

Nimm an, dass alles, was von Schwarzen Löchern verschluckt wird, in einem anderen Universum wieder herausgepresst würde. Wie könnte man sich dieses andere Universum vorstellen?

Vielleicht gleicht es dem unseren, weil seine Materie von uns stammt?

Was bedeutet »Universum«?

Falls das Universum »die Gesamtheit aller Himmelskörper, Energie und Materie« darstellt, kann es wohl nichts anderes mehr geben. Wenn wir von einem »anderen Universum« reden, dann stimmt dies nicht mit voriger Definition überein. Vielleicht sollte man lieber sagen, dass uns große Teile des Universums unbekannt sind.

Ist das Universum unendlich oder hat es irgendwo ein Ende? Und falls es ein Ende hat, was kommt dahinter? Das Nichts? Und falls etwas dahinter existiert, was könnte das sein? Du hast vielleicht schon einmal gehört, dass das Universum expandiert, also wächst. Aber wie kann etwas wachsen, das unendlich ist?

Willst du noch mehr wissen?

Was kannst du tun, wenn du noch mehr wissen willst? Was könntest du lesen?

Leider gibt es nur wenige Philosophiebücher für jüngere Menschen, aber ein passender Anschluss an dieses Buch könnte *Der Sinn des Lebens* (München, 1999) von Ragnar Ohlsson sein. Das Buch ist in Romanform geschrieben und richtet sich in erster Linie an Jugendliche. Darin wirst du viele Probleme wiederfinden, die auch in diesem Buch behandelt wurden. Gleichzeitig werden dir einige bedeutende Philosophen und ihre Fachausdrücke vorgestellt.

Eine andere Möglichkeit, sich weiteres Wissen anzueignen, besteht ganz einfach darin, der Welt jederzeit wach und aufmerksam zu begegnen, Fragen zu stellen und Begründungen zu fordern.

Meine Kinder haben mich beispielsweise auf viele praktische Probleme im Schulmilieu aufmerksam gemacht, was zu zahlreichen philosophischen Diskussionen führte.

ANHANG

Die abendländische Philosophie. Eine kurze Zusammenfassung

Wie die abendländische Philosophie entstand

Im 6. Jahrhundert v. Chr. fingen die Menschen in Griechenland und im griechischen Kleinasien (heute Türkei) an, sich Gedanken über die Vorgänge in der Natur, über den Ursprung des Lebens und über den Menschen zu machen. Die griechische Welt, besonders die Stadt Milet, war zu jener Zeit ein wichtiges Zentrum für Handel und Kultur. Die Händler brachten aus China und dem Morgenland Erfindungen wie das Münzwesen, den Kalender und das Papier sowie Kenntnisse über Mathematik, Geografie und Naturwissenschaften mit.

Die Griechen liebten es, über das neue Wissen zu diskutieren, dabei war ihnen die Meinungsfreiheit sehr wichtig. Griechenland gilt als Geburtsland der Demokratie, denn bereits im Jahre 508 v. Chr. wurde in Athen die erste demokratische Verfassung eingeführt. Infolge ihres Wissensstandes nahmen viele Menschen in Griechenland und Kleinasien Katastrophen oder Krankheiten nicht mehr als gottgewollt hin, sondern begannen, dafür natürliche Erklärungen zu suchen.

Einer von ihnen war der Philosoph **Thales von Milet** (um 625 – um 547 v. Chr.). Seiner Meinung nach ereigneten sich die Phänomene der Welt aufgrund bestimmter Naturgesetze. Alles musste einen logischen Grund für sein Dasein haben. Man nannte Thales und seine Zeitgenossen daher auch **Naturphilosophen**.

Der Mathematiker **Pythagoras von Samos** (um 570 – um 500 v. Chr.) versuchte, die Fragen der Naturgesetze mit dem Gesetz der Zahlen zu erklären. Pythagoras war der erste Mensch, der

Pythagoras
kennst du aus dem Mathematikunterricht, vor allem seine Formel $a^2 + b^2 = c^2$!

die Welt einen »Kosmos« nannte, womit er eine sinnvoll gegliederte Ordnung aller Dinge meinte. Das Gegenteil des Kosmos ist das Chaos – die Unordnung.

Die antiken Philosophen sprachen sich nicht gegen eine Verehrung der Götter aus, sondern versuchten, den Glauben an das Göttliche mit der Suche nach natürlichen Erklärungen zu verbinden.

Der Philosoph **Xenophanes von Kolophon** (6./5. Jh. v. Chr.) allerdings lehnte den Glauben seines Volkes an die vielen menschenähnlichen Götter ab. Seiner Meinung nach gab es nur ein göttliches Ganzes, einen Gott. Auch er vertrat die Auffassung, dass nicht der göttliche Zorn etwa für eine Flut verantwortlich war, sondern natürliche Ursachen.

Sein Zeitgenosse **Heraklit aus Ephesos** (550–480 v. Chr.) dachte viel über den Lauf der Dinge nach und zeichnete das Bild vom Fluss, in den man nicht zweimal steigt: Der Fluss ist derselbe, doch das Wasser nicht. Die Dinge ändern sich ins Gegenteil, kehren aber wieder. So entsteht der Tag aus der Nacht, die wieder zum Tag wird.

Im Gegensatz dazu steht der Philosoph **Parmenides von Elea** (um 540 – um 470 v. Chr.), der, ebenso wie sein Schüler **Zenon von Elea** (um 490 – 430 v. Chr.), die Einheit des Seins verteidigte. Alles, was ist, ist unvergänglich, ist unbeweglich. Die ständigen Veränderungen, die der Mensch im Alltag wahrnimmt, sind trügerisch.

Schein und Wirklichkeit

***Sokrates** hatte viele politische Feinde. Als die demokratische Partei an die Macht kam, wurde er, der Anhänger der aristokratischen Partei war, wegen »Gottlosigkeit« zum Tode durch den Giftbecher (Schierlingsbecher) verurteilt.*

»Ich weiß, dass ich nichts weiß«, diesen Satz sagt man gerne aus Spaß, wenn man nicht mehr weiterweiß. Doch der Athener **Sokrates** (um 470–399 v. Chr.), einer der bedeutendsten Philosophen der Antike, der diesen Satz geprägt hat, meinte ihn sehr ernst. Zuzugeben, dass man eigentlich nichts wirklich weiß angesichts des vielen Wissens, war für ihn eine wichtige Erkenntnis. Er hatte mit diesem Satz auf das Orakel von Delphi geantwortet, das gesagt hatte, dass niemand weiser sei als Sokrates.

Für Sokrates war die Philosophie ein Teil des Alltags. Er ging oft durch die Straßen und verwickelte seine Mitmenschen in Gespräche. Dabei stellte er ihnen so lange Fragen, bis seine Gesprächspartner keine Antwort mehr wussten. Dann war man am Ende seiner Erkenntnis angelangt. Eine weitere Botschaft des Sokrates war, dass nur derjenige, der weiß, was er will und wer er ist, den für ihn richtigen Weg im Leben finden kann.

Einer der Schüler des Sokrates war der ebenso berühmte Athener **Platon** (427–348/347 v. Chr.). Dieser legte seine Lehre in mehreren Schriften nieder und gründete im Jahre 387 v. Chr. eine Akademie, in der sich Philosophen trafen und diskutierten.

Platon beschäftigte sich viel mit Politik und entwarf das Bild

Platons *Akademie in Athen bestand fast 1000 Jahre lang. Als der byzantinische Kaiser sie 529 n. Chr. schloss, bedeutete das offiziell das endgültige Ende der Antike.*

eines idealen Staates: Alle Kinder sollten die gleiche Bildung erhalten. Die besonders begabten würden gefördert und zu Philosophen erzogen. Denn nur die besten Philosophen könnten den Staat gut regieren. Der König müsste Kenntnis von den Naturwissenschaften, der Musik, Dichtung und Mathematik besitzen. Die Krieger wären für die Verteidigung des Staates zuständig und die Bauern und Handwerker für seine Versorgung.

Ziel des menschlichen Lebens, so Platon, sei die Erkenntnis, nach der die unsterbliche Seele des Menschen in jedem neuen Leben strebt. Die Erkenntnis, was die Welt tatsächlich ist, erlangt der Mensch durch die Philosophie. Bis dahin nimmt er die Wirklichkeit nur indirekt wahr. Platon erklärte das mit einem Gleichnis: In einer Höhle sitzen Menschen, ein Feuer im Rücken, das Schatten an die Wand wirft. Die Menschen glauben, die Schatten wären die Wirklichkeit, weil sie nichts anderes kennen. Erst wenn sie die Höhle verlassen, können sie die wirkliche Welt erkennen.

Der Philosoph **Aristoteles** (384–322 v. Chr.) wurde noch berühmter als sein Lehrer Platon. Er gilt als der Urvater unserer Wissenschaften. Aristoteles verfasste nicht nur Schriften zur Philosophie, sondern auch zur Politik, Poetik, Rhetorik und zu den Naturwissenschaften. In Athen gründete er eine Philosophenschule mit einer Bibliothek und einem Museum zur Naturgeschichte.

Vernunft und innere Ruhe

***Seneca** war der Erzieher des grausamen römischen Kaisers Nero (37–68 n. Chr.). Damit hatte er ein schweres Los aufgebürdet bekommen. Nero wandte sich nach seinem Mord an der eigenen Mutter von Seneca ab. Zum Schluss beschuldigte er ihn der Verschwörung und zwang ihn zum Selbstmord.*

Bis um Christi Geburt waren Athen und Alexandria die Zentren der Philosophie. Die Kultur der Griechen hatte sich weit über die bekannte Welt verbreitet. Daher nennt man diese Zeit auch Hellenismus (Hellenen = Griechen). Aber auch Rom spielte nun eine immer wichtigere Rolle. Die Römer hatten sich bislang an dem griechischen Gedankengut orientiert. Ihre Politiker beschäftigten sich mit Platon und seinem Idealstaat oder mit der Lehre des Aristoteles. Der römische Staatsmann **Tullius Cicero** (106–43 v. Chr.) übersetzte sogar viele Werke griechischer Philosophen ins Lateinische. Seine politischen Reden waren damals sehr berühmt und sind es heute noch. Doch Cicero wurde Opfer politischer Machenschaften. Er hatte Kaiser Augustus gegen dessen Widersacher Oktavian unterstützt. Als die Gegner sich jedoch wieder versöhnten, bedeutete das Ciceros Todesurteil. Cicero gehörte übrigens zu der Gruppe der **Eklektiker** (Auswähler): Diese Philosophen diskutierten die philosophischen Strömungen ihrer Zeit und suchten sich das heraus, was ihnen am vernünftigsten erschien!

Der Staatsmann **Seneca** (um 4 v. Chr.–65 n. Chr.) war ebenfalls ein bedeutender Philosoph. Er gehörte zu den so genannten

Stoikern, die sich die Tugenden Mut und Pflichtbewusstsein zum Ziel gesetzt hatten und die absolute innere Ausgeglichenheit (griech. stoa), Vernunft, Gerechtigkeit und Nächstenliebe anstrebten. Die Stoiker beschäftigten sich mit Physik, Logik und Ethik und waren der Meinung, dass die Natur »das ewig herrschende Gesetz« selbst sei und dass es keinen Gott im »religiösen Sinne« gäbe. Sie unterstützten die Sklaven und wollten ihnen Rechte geben. Zu vielen Themen hatten die Stoiker ganz ähnliche Gedanken wie die Christen, grenzten sich jedoch streng ab.

Auch Kaiser **Mark Aurel** (121–181) war Stoiker und gleichzeitig ein großer Gegner des Christentums. Er musste viele Kriege führen, um das Römische Reich vor dem Zerfall zu schützen, erwies sich aber dennoch als ein sehr sensibler und pflichtbewusster Herrscher. Absolute Selbstbeherrschung und ein asketisches Leben waren für ihn wichtig.

Es gab zwei weitere Philosophengruppen, die eine bedeutende Rolle spielten: die **Skeptiker** und die **Epikureer**. Damals wie heute ist ein Skeptiker einer, der immer zweifelt, alles infrage stellt – aber nicht um an allem herumzumeckern, sondern um es zu verbessern. Genau wie für die Stoiker waren für die Skeptiker Ausgeglichenheit und innere Ruhe wichtige Ziele. Auf dem Weg dorthin kam man ihrer Meinung nach eher voran, wenn man nicht ständig die Entscheidung treffen musste, ob etwas richtig oder falsch war.

Die Epikureer, die ihren Namen von dem griechischen Philosophen **Epikur** (341–271 v. Chr.) erhielten, machten sich zum Ziel, das Glück des Einzelnen durch Lebensfreude, aber auch vernünftiges Handeln zu erreichen. Grundlage für die ersehnte Glückseligkeit war auch bei den Epikureern Ausgeglichenheit und innere Ruhe.

Glaube und Wissen

Das Christentum wurde im Jahre 391 Staatsreligion im Römischen Reich und prägte das Mittelalter auf allen Ebenen des menschlichen Lebens. Die ersten Kirchenväter versuchten, die antike Philosophie mit der christlichen Lehre zu verbinden. Diese Epoche nennt man daher **Patristik** (von lat. patres, Väter).

Im Christentum gibt es nur einen allmächtigen Gott, und man glaubt, der Mensch lebe seit der Vertreibung aus dem Paradies in Sünde, von der er nur durch ein bußfertiges Leben erlöst werde. Diesen Erlösungsgedanken vertrat auch der Kirchenvater **Augustinus** (354–430 n. Chr.). In seinen *Confessiones* (Bekenntnisse) beschreibt er seinen Lebensweg als ruhelose Wahrheitssuche, die zur Selbsterkenntnis und dann zur Gotteserkenntnis führen solle.

Im Mittelalter diskutierten die Philosophen nicht mehr auf der Straße. Die Philosophie stand ganz im Dienst der Kirche. Philosophiert wurde nur in den Kloster- und Hofschulen, die als Erster **Karl der Große** (747–814) errichtet hatte. Der Kaiser legte großen Wert auf Bildung und rief Gelehrte aus aller Welt an seinen Hof in Aachen. Da die Philosophie nun gewissermaßen »verschult« war, nannte man diese Richtung **Scholastik**. Als Vater der Scholastik gilt Erzbischof **Anselm von Canterbury** (1033–1109). Er versuchte, die Existenz Gottes nur durch die Vernunft, nicht durch die Bibel oder die Kirchenväter zu beweisen.

Ihre Blütezeit hatte die Scholastik während der Kreuzzüge (1096–1270). Große Denker waren damals **Albertus Magnus**

***Thomas von Aquin** gilt als der bedeutendste Theologe und Philosoph des Mittelalters. Er wurde im Jahr 1323 vom Papst heilig gesprochen und 1567 in den Rang eines Kirchenlehrers erhoben.*

(um 1193–1280) und sein Schüler **Thomas von Aquin** (um 1225–74). Dieser führte unter anderem das Denken des Aristoteles weiter aus: Alles, was ist, ist Teil des Göttlichen und damit diesem ähnlich. Die höchste Vollkommenheit besitzt jedoch nur das Göttliche. Gott muss existieren, denn alles Seiende hat eine erste Ursache.

Im späten Mittelalter machte **Meister Eckart** (um 1260–um April 1328) auf sich aufmerksam. Er predigte, dass der Mensch sich frei machen soll von allen Vorstellungen über Gott. Die Seele könne nur zu einer Einheit mit Gott finden durch visionäre Erlebnisse in mystischer Versunkenheit. Meister Eckart und seine Anhänger werden deshalb **Mystiker** genannt. Seine Thesen brachten ihm den Vorwurf der Häresie (Gotteslästerung) vonseiten der Kirche ein.

Gegen Ende des Mittelalters stellten immer mehr Philosophen die von der Kirche festgelegte enge Beziehung zwischen Glaube und Wissen infrage, so zum Beispiel der Theologe und Naturphilosoph **Roger Bacon** (um 1214–um 1292). Bacon versuchte, die Philosophie mehr mit naturwissenschaftlichen Erkenntnissen zu stützen.

Eine neue Sicht der Welt

Die nächsten Jahrhunderte sind geprägt von vielen Entdeckungen und Erfindungen, die die Menschen zum Umdenken zwingen und eine neue Weltsicht fordern. So entdeckte Christopher Kolumbus 1492 die »Neue Welt«, das heißt Amerika, und Michael Servetus 1540 den kleinen Blutkreislauf. Johannes Gutenberg führte Mitte des 15. Jahrhunderts den Buchdruck ein, Martin Behaim baute 1492 den ersten Globus und Peter Henlein erfand um 1510 die Taschenuhr.

Ab Mitte des 14. Jahrhunderts wurde die Trennung zwischen Kirche und Staat eingeleitet. Diesen Prozess nennt man »Säkularisierung«. Dadurch hatte die Kirche nicht mehr einen so großen Einfluss auf den Alltag des Menschen und auch nicht mehr auf die Bildung und Wissenschaft. Das Gedankengut der griechischen und römischen Antike wurde wieder aufgegriffen und in der Literatur, Kunst, in den Naturwissenschaften und auch in der Philosophie verarbeitet. Der Mensch stand wie in der Antike im Mittelpunkt des Interesses der Denker und der Wissenschaft. Er wurde als Spiegel der Natur angesehen. Daher nennt man diese Zeit auch **Humanismus** (von lat. homo, Mensch). Nach humanistischer Auffassung muss sich

***Petrarca** war ein großer Dichter und Gelehrter, ein »moderner« Mensch. Er schrieb als erster Literat ehrlich über seine Gefühle. Den Kirchenvater Augustinus sah er als seinen »persönlichen Lebensberater«.*

der Mensch durch Unterricht in Grammatik, Rhetorik, Geschichte, Dichtkunst und Philosophie bilden, um eine selbstständige, moralische Person zu werden.

Die Philosophie dieser Zeit war nach antikem Vorbild sehr praktisch, aber auch literarisch ausgerichtet. Besonders die beiden großen italienischen Dichter **Francesco Petrarca** (1304–74) und **Giovanni Boccaccio** (1313–75), die als Begründer des Humanismus gelten, machten die antiken Werke wieder bekannt und suchten, in ihren Werken eine Verbindung zwischen christlicher Lehre und antikem Ideal zu finden. Petrarca vertrat die Auffassung, dass der Mensch einen freien Willen habe und selbst zwischen Gut und Böse wählen müsse. Ziel sei es, mithilfe der Rhetorik den Willen des Menschen vom Guten zu überzeugen.

***Martin Luther** kritisierte die katholische Kirche in seinen berühmten 95 Thesen, die er am 31. Oktober 1517 an die Wittenberger Schlosskirche nagelte. Dieser Tag wird heute als Reformationstag gefeiert. Der Papst verurteilte Luther daraufhin als Ketzer. Luthers Landesherr sperrte den Mönch zu dessen Schutz auf der Wartburg ein, wo dieser das Neue Testament ins Deutsche übersetzte.*

Der niederländische Theologe und Philosoph **Erasmus von Rotterdam** (1467–1536) legte ebenfalls großen Wert auf die Willensfreiheit des Menschen, sein Leben selbst zu gestalten. Der Mensch könne dabei auch ohne die Gnade Gottes glücklich werden. Darüber geriet er in Streit mit dem deutschen Theologen **Martin Luther** (1483–1546), der zwar die katholische Kirche stark kritisierte, den Menschen aber immer noch in der Verantwortung gegenüber Gott sah.

Luther gilt als Begründer des Protestantismus, der sich als eigene Konfession vom Katholizismus abheben sollte. Der Theologe, der die Philosophie im Grunde ablehnte, beeinflusste viele moderne Philosophen.

Die vielen neuen Erkenntnisse über die Welt und den Menschen brachten vor allem die Kirche in Aufruhr. Bislang glaubten die Menschen, dass die Erde rund und das Zentrum des Weltalls sei. Nun behauptete der Astronom **Nikolaus Kopernikus** (1473–1543), dass die Erde um die Sonne kreise. Dieses neue Weltbild nannte man »kopernikanisches Weltbild«. **Johannes Kepler** (1571–1630), deutscher Astronom, Mathematiker und Theologe, verwendete dieses neue Wissen, um die Planetenbewegungen zu berechnen (Kepler'sche Gesetze).

***Galileo Galilei** kam am 22.6.1633 vor Gericht und sollte seine Aussage, dass die Erde sich um die Sonne drehe, zurücknehmen. Er tat dies, murmelte aber unter dem Urteilsspruch den berühmt gewordenen Satz: »Und sie bewegt sich doch!«*

Der italienische Mathematiker und Philosoph **Galileo Galilei** (1564–1642), der die physikalischen Gesetze des freien Falls aufstellte und die Milchstraße sowie die vier größten Jupitermonde entdeckte, schloss sich ebenfalls der Lehre des Kopernikus an. Dadurch geriet er in großen Konflikt mit der Kirche und wurde wegen Ketzerei angeklagt. Da Galilei schließlich seine Erkenntnis leugnete, um der Todesstrafe zu entgehen, verurteilte die Kirche ihn nur zu einer langen Haftstrafe. Sein Zeitgenosse **Giordano Bruno** (1548–1600) jedoch stand zu dem neuen Wissen und wurde auf dem Scheiterhaufen verbrannt. Bruno vertrat die Meinung, dass Gott als die »Unendlichkeit der Natur« zu verstehen sei, also nicht als einmaliger Schöpfer, sondern immer wiederkehrend in den kleinsten Teilen der Natur.

Der Versuch stand in den Wissenschaften nun an erster Stelle und das betraf natürlich auch den Menschen und seinen Körper. Die Anatomie des Menschen wurde genauestens studiert und erste Sezierungen wurden vorgenommen, was große Empörung vonseiten der Kirche hervorrief.

Die Glaubenslehre der Kirche wurde infrage gestellt. Die Menschen erkannten immer mehr die tatsächlichen Ursachen für das weltliche Geschehen und versuchten, sie zu verstehen. »Wissen ist Macht«, verkündete der englische Philosoph und Politiker **Francis Bacon** (1561–1626) und sprach damit vielen Zeitgenossen aus dem Herzen. Bacon gilt als Mitbegründer der modernen Naturwissenschaften. Er trat dafür ein, dass die Wissenschaften systematisch gelehrt und vermittelt werden sollten.

Die neuen philosophischen Ideen und Theorien wirkten sich bis in die Politik aus. Während der Humanist **Thomas Morus** (1478–1535) wie Platon von einer Idealgesellschaft namens »Utopia« träumte, die keinen Neid und keine Eitelkeit kennt, sah **Niccolò Machiavelli** (1469–1527) die Notwendigkeit einer vernunftbestimmten Staatsform, die man notfalls mit Gewalt durchsetzen müsse (»Der Zweck heiligt die Mittel!«). Der niederländische Philosoph **Hugo Grotius** (1583–1645) dachte sehr modern für seine Zeit: Er beschäftigte sich mit dem Zusammenleben aller Völker und gilt als Mitbegründer des Völkerrechts.

Der Mensch und der freie Wille

Die neuzeitliche Philosophie, deren Entwicklung die Wirren des Dreißigjährigen Krieges (1618–48) überschatteten, wurde von **René Descartes** (1596–1650) mitbegründet. Der französische Philosoph und Mathematiker prägte den Satz »Cogito ergo sum!« – »Ich denke, also bin ich!« – und machte damit den Zweifel zum Ausgangspunkt des Weges zur Erkenntnis. Alles bislang Gültige an Meinungen und Sätzen, selbst die der Mathematik, sollte angezweifelt und neu überdacht werden, um Gewissheit und damit Erkenntnis zu erlangen. Dem einzelnen Menschen allerdings gab der Zweifel die Gewissheit, dass er selbst existierte. Descartes prägte außerdem den Begriff des »Dualismus«: Körper und Seele sind voneinander getrennt. Der Körper ist eine Art Maschine. Die Sinneswahrnehmungen informieren den Geist darüber, was für den Körper gut ist und was schlecht. Doch gibt es dann für den Körper noch eine freie Wahl?

Der niederländische Philosoph **Baruch de Spinoza** (1632 bis 1677) vertrat die Meinung, dass der Mensch von seinen Leidenschaften geleitet wird, die sich auf den Selbsterhaltungstrieb gründen. Das Streben nach Selbsterhaltung ist die Basis für das Streben nach Tugend, vor allem nach der höchsten Tugend: der geistigen Liebe zu Gott. Tugend bedeutet, dass der Mensch nach der Vernunft handelt und die schlechten Leidenschaften besiegt. Damit erreicht er seine innere Freiheit.

Spinoza war ursprünglich Jude, wurde aber wegen seiner Kritik an den Dogmen des Talmud aus der jüdischen Glaubensgemeinschaft ausgeschlossen. Er definierte Gott als die eine, absolute, unendliche Substanz (Monismus), während alle endlichen Dinge und Ideen »Modi« (Ausprägungen) dieser Substanz waren.

***Leibniz** war auch Mathematiker und Naturwissenschaftler. In Berlin regt er die Gründung der Preußischen Akademie der Wissenschaften an und wurde auf Lebenszeit ihr Präsident.*

Der deutsche Philosoph **Gottfried Wilhelm Leibniz** (1646–1716) hatte die Vorstellung von vielen kleinen göttlichen Einheiten, den so genannten »Monaden« (von griech. *monas*, Einheit), die zusammen das harmonische und vollkommene Ganze der Welt bilden. Das Böse und die Sünden in der Welt erklärte Leibniz damit, dass der Mensch frei und mit einem eigenen Willen beseelt sei. Daher mache dieser natürlich auch Fehler.

Der englische Philosoph **Thomas Hobbes** (1588–1679) setzte sich mit den politischen Unruhen in Europa auseinander – Bürgerkrieg zwischen Puritanern und Königstreuen in England und Dreißigjähriger Krieg – und versuchte, durch die Verknüpfung von Philosophie und Politik eine Lösung für die politische Entwicklung zu finden.

Hobbes sah den Menschen nicht so positiv wie Leibniz, sondern als ein Wesen, das nur nach seinen Trieben handelt, weniger nach der Vernunft. Der Mensch strebt vor allem nach uneingeschränkter Macht. Nur die Übertragung der Macht auf wenige Regierende verhindert den stetigen Krieg der Menschen untereinander. »Der Mensch ist dem Menschen ein Wolf«, war Hobbes' nüchterne Meinung über seine eigene Spezies.

Auf der Suche nach dem Glück

Kants *Leben verlief im Gegensatz zu seinem Denken in sehr engen Bahnen. Er verließ nie seinen Geburtsort Königsberg und sein Tagesablauf war bis auf die Minute genau geplant. Kant galt aber dennoch als sehr gesellig und lud oft Freunde ein. Aber nie mehr als sechs!*

Im 18. Jahrhundert, das man auch die Zeit der »Aufklärung« nennt, lehnten sich die Menschen immer stärker gegen jede Art von Autorität und Fremdherrschaft auf. In der Politik und in der Philosophie wurden das Glück des Individuums und dessen Selbstverwirklichung gefordert. Vorbild war dabei der deutsche Philosoph **Immanuel Kant** (1724–1804). Er forderte seine Mitmenschen auf, Mut zu haben, sich ihres Verstandes zu bedienen. Kant stellte einen Fragenkatalog auf, den der Mensch beantworten sollte, um zu wissen, wo er im Leben steht und wohin er will. Die Fragen lauten: Was kann ich wissen? Was soll ich tun? Was darf ich hoffen? Um die Welt zu verstehen, muss der Mensch mithilfe der Sinnlichkeit und des Begreifens von Raum und Zeit die Gegenstände um sich herum wahrnehmen und sie dann mittels seines Verstandes in Kategorien einteilen. Logische Verknüpfung und Urteilskraft sind dabei Grundvoraussetzungen, die irgendwann zu allgemein gültigen Aussagen führen. Der Mensch formuliert somit die Gesetze der Natur.

Kant wurde unter anderem sehr von dem englischen Philosophen **David Hume** (1711–1776) beeinflusst. Alle Vorstellungen, so Hume, sind sinnliche Wahrnehmungen, die sich als Eindrücke ins menschliche Bewusstsein einprägen. Die geistigen Ideen sind wiederum nur Abbilder davon.

Der englische Philosoph **John Locke** (1632–1704) legte den Grundstein für die amerikanische Unabhängigkeitserklärung (1776). Er forderte politische Selbstbestimmung, Meinungs- und Pressefreiheit, die Anerkennung naturgegebener Menschenrechte und Glaubensfreiheit sowie die Aufteilung der Staatsgewalt auf Parlament, Regierung und Rechtssprechung.

***Voltaire** verbrachte drei Jahre am Hofe Friedrich II. des Großen, des Königs von Preußen, bis er sich mit ihm zerstritt. Bis ins hohe Alter kämpfte er mit Pamphleten und Briefen u. a. für die Befreiung der Leibeigenen.*

Auch der größte Denker Frankreichs dieser Zeit, **François Voltaire** (1694–1778), kritisierte die Intoleranz unter den Menschen sowie die absolutistische Herrschaftsordnung. Immer wieder fiel er in Ungnade, weil er sich unter anderem sehr für soziale Gerechtigkeit und gegen kirchlichen Fanatismus einsetzte.

Der französische Mathematiker **Auguste Comte** (1798–1857) forschte intensiv über das Leben in der Gesellschaft und begründete damit eine neue Wissenschaft: die Soziologie.

Da immer mehr Menschen lesen konnten, verbreiteten sich die neuen philosophischen Ideen viel schneller als früher und waren nicht mehr nur einem ausgewählten Kreis von Bürgern zugänglich.

Der Mensch und seine Umwelt

Zu Beginn des 19. Jahrhunderts veränderten bahnbrechende Erfindungen wie die Dampfmaschine und die Eisenbahn die Produktion von Waren und damit das Leben der Menschen. Viele wurden arbeitslos oder mussten für einen Hungerlohn härteste Arbeit verrichten, denn Maschinen ersetzten ihre Arbeitskraft. Die Arbeiter gründeten Gewerkschaften und forderten das Wahlrecht für alle Männer. Der Mensch rückte wieder ins Zentrum des Geschehens – auch in der Philosophie.

Der deutsche Philosoph **Johann Gottlieb Fichte** (1762–1814) entwickelte Kants Philosophie weiter. Für ihn leiten sich alle Dinge vom Denken, von der Vernunft ab. Das Ich ist Zentrum seines philosophischen Systems. »Denke an dich selbst!« war sein Motto, nur das garantiert dem Einzelnen Freiheit im Handeln.

Seinem Landsmann **Friedrich Wilhelm Joseph von Schelling** (1775–1854) war Fichtes Ich zu mächtig. Er wollte die Kunst gefördert sehen, in der der Mensch durch seine Tätigkeit Natur und Freiheit wieder vereinen könne. Für Schelling sind Natur und Geist identisch.

Schellings Freund **Georg Friedrich Wilhelm Hegel** (1770 bis 1831) suchte die Versöhnung zwischen Religion und Philosophie. Die Wirklichkeit, so Hegel, leitet sich von dem Geist des Absoluten (Gott, Religion) ab. Die Entwicklung des Geistes im Menschen erfolgt durch den steten Widerspruch zwischen neuem Wissen und Gewusstem, ausgehend vom natürlichen Bewusstsein bis hin zur philosophischen Wissenschaft.

Hegels Philosophie fand in **Karl Marx** (1818–1883) einen scharfen Kritiker. Für Marx beeinflusste die Materie die Wirklichkeit, nicht die Ideen. Außerdem verurteilte er aufs Heftigste die Industrialisierung, als deren Opfer er die Arbeiter sah. Der Einsatz von Maschinen entfremde die Menschen von ihrer Arbeit, machthungrige Fabrikbesitzer beuten sie aus und berauben sie ihrer Freiheit. Religion lehnte er ab, für ihn war sie »Opium für das Volk«.

Karl Marx wurde 1847 Kommunist und schrieb gemeinsam mit **Friedrich Engels** (1820–1895) das *Manifest für die Kommunistische Partei* (1848). Aus seiner ökonomischen Kritik entstand die Wissenschaft des Sozialismus. Marx' späteres Werk *Das Kapital* (ab 1867) galt als Bibel der Arbeiterbewegung.

Der deutsche Philosoph **Arthur Schopenhauer** (1788–1860) entwarf ein sehr negatives Bild von der Welt: Der Mensch bewege sich sein ganzes Leben zwischen den Polen Schmerz und Langeweile hin und her, die Rastlosigkeit treibe ihn von einer Befriedigung in die nächste. Dieser blinde und ziellose Drang sei der Wille des Menschen. Erlösung fände nur, wer den Willen verneine und das Nichts, das »Nirwana«, akzeptiere.

***Nietzsche** war mit dem berühmten deutschen Komponisten Richard Wagner befreundet, bis er ihm 1876 vorwarf, seine künstlerischen Vorstellungen aufgegeben zu haben.*

Friedrich Nietzsche (1844–1900), Schüler Schopenhauers, übernahm die negative Weltbetrachtung seines Lehrers. Mit »Gott ist tot!« kritisierte er sowohl das Christentum als auch alle anderen traditionellen Werte (Nihilismus). Sie seien Vorurteile, die abgeschafft werden müssten. Stattdessen solle der Mensch das Diesseits bejahen und den Weg zum idealen Menschen (»Übermensch«) beziehungsweise den Willen zur Macht (»Herrenmoral«) anstreben. Seine Lehre legte Nietzsche in seinem berühmten Werk *Also sprach Zarathustra* (1883–85) nieder.

Was bestimmt die Existenz?

Freud prägte u. a. den Begriff des »Freud'schen Versprechers«: Verliert der Mensch beim Sprechen kurzfristig die Kontrolle, so kann ihm versehentlich mal die Wahrheit herausrutschen… Dann hat das Unterbewusstsein gesprochen!

Der österreichische Nervenarzt **Sigmund Freud** (1856–1939) beschäftigte sich als Erster intensiv mit dem menschlichen Unterbewusstsein, mit den Wünschen, Angstneurosen und anderen seelischen Verletzungen, die beim Menschen zu »ungewolltem« Handeln führen können. Er war der Auffassung, dass der Mensch nicht immer aus freiem Willen handelt, sondern oft von seinem Unterbewusstsein gesteuert wird. Ein ebenfalls wichtiges Thema bei Freud war das Erkennen der eigenen Identität, der Rolle des Einzelnen in der Gesellschaft und in der Welt. Der Weg zur individuellen Freiheit und Glückseligkeit führe aber nur über den Verstand.

Der Däne **Sören Kierkegaard** (1813–1855) gilt als Vater der **Existenzialphilosophie**. Die konkrete Lebenssituation des einzelnen Menschen stand bei ihm im Vordergrund. Der Mensch müsse ständig Entscheidungen treffen. Hilfestellung für den richtigen Schritt leiste dem Menschen dabei der christliche Glaube meinte er.

Der deutsche Philosoph **Martin Heidegger** (1889–1976) griff in seinen philosophischen Studien zunächst ein traditionelles Thema auf: Sein und Zeit. Dabei behandelte er vor allem die Frage nach dem Sinn vom Sein und vom Wesen des Menschen. Die philosophische Tradition wurde infrage gestellt und die Philosophie neu durchdacht. Für Heidegger »existiert« der Mensch und ist nicht einfach nur da. Er versucht, seine Umgebung und sich selbst zu verstehen, und erschließt die Welt in Bezug auf seine Vergangenheit und Zukunft. Heideggers Person ist bis heute sehr umstritten in der Wissenschaft. Er trat im Jahre 1933 der Nationalsozialistischen Partei (NSDAP) bei. Der Philosoph verließ die Partei zwar nach einem Jahr wieder, äußerte sich aber nie kritisch über ihre Machenschaften. Heidegger erhielt von 1945 bis 1951 Lehrverbot.

Simone de Beauvoir *wurde vor allem durch ihr Werk* Das andere Geschlecht *(1949) berühmt und löste damit heftige und weit reichende Diskussionen aus. In Deutschland wurde sie vor allem durch die Frauenrechtlerin Alice Schwarzer bekannt gemacht.*

Der berühmte französische Schriftsteller und Philosoph **Jean Paul Sartre** (1905–80) sah die Existenz des Menschen als ständiges Hin und Her zwischen dem Sein und dem Nichts. Der Mensch müsse unentwegt Entscheidungen treffen, die selten mit seinen Wünschen übereinstimmen. Die Willensfreiheit sei somit eher eine Last. Wichtig für Sartre war, dass das Handeln des Einzelnen sich immer auch auf die Gemeinschaft auswirkt. Der einzelne Mensch trägt also eine soziale Verantwortung. Sartre engagierte sich sehr für den Frieden und den Marxismus.

Die Schriftstellerin und Sartres Lebensgefährtin **Simone de Beauvoir** (1908–86) war ebenfalls sozial sehr engagiert und setzte sich vor allem für die Frauen und ihre Rechte ein. Sie wurde zur Symbolfigur der Frauenbewegung. Berühmte Vorkämpferinnen Simone de Beauvoirs waren die Engländerin **Emmeline Pankhurst** (1858–1928) und die Amerikanerin **Elizabeth Cady Stanton** (1815–1902), die bei ihrem Engagement für das Wahlrecht sogar Haftstrafen riskierten. In Deutschland erhielten die Frauen im Jahre 1918 das Wahlrecht, in Frankreich erst 1944.

Die Philosophie und die Naturwissenschaften

Die Naturwissenschaften gewannen im 19. und besonders im 20. Jahrhundert enorm an Bedeutung und die einschneidenden neuen Erkenntnisse ließen das bisherige Weltbild der Menschen aus den Fugen geraten. Sie beeinflussten viele andere Wissenschaften, so auch die Philosophie, für die sie Maßstab und Thema wurden. Viele Philosophen dieser Zeit sind auch Naturwissenschaftler.

Der englische Philosoph und Soziologe **Herbert Spencer** (1820–1903) gab die ersten Anstöße zu der Erkenntnis, dass Adam nicht der erste Mensch war und Eva nicht aus seiner Rippe entstanden ist. Er legte allem ein allgemeines Entwicklungsgesetz zugrunde und versuchte zu beweisen, dass der Mensch sich in seiner Entwicklung einem staatenlosen Leben nähert. Damit beeinflusste er unter anderem die soziologische Theorie.

Sein Landsmann **Charles Robert Darwin** (1809–1882) löste die ersten heftigen Diskussionen um die Herkunft des Menschen aus, als er seine Evolutionstheorie veröffentlichte. Mit ihr widersprach der Biologe ausdrücklich der christlichen Lehre von der Entstehung der Welt und insbesondere des Menschen. Das war ein Skandal – und wer wollte schon einen Affen zum Vorfahren haben!

Der österreichische Verhaltensforscher **Konrad Lorenz** (1903–1989), auch als »Gänsevater« bekannt, weil er jungen Gänsen als Ersatzmutter diente, gewann in seinen Experimenten wichtige Erkenntnisse über das Instinktverhalten bei den Tieren, aber auch beim Menschen. Er unterschied zwischen

»angeborenem« und »erlerntem Verhalten« und untersuchte Schlüsselreize, die bei Mensch und Tier bestimmte Verhaltensmuster auslösten. Lorenz' Untersuchungen waren wichtig für die Psychlogie und Psychiatrie. Seine Ergebnisse schlossen zum Beispiel aus, dass der Mensch grundsätzlich aus freiem Willen handelt.

***Einstein** prägte eine weltberühmte Formel: $E = mc^2$. Sie besagt: Energie = Masse mal Lichtgeschwindigkeit zum Quadrat, d. h., Masse kann in Energie verwandelt werden und umgekehrt.*

Albert Einsteins (1879–1955) Relativitätstheorie stellte das bisherige Verständnis von Raum und Zeit auf den Kopf. Er untersuchte die physikalischen Größen Zeit, Raum und Geschwindigkeit im Verhältnis zueinander und entdeckte unter anderem, dass Zeit und Raum in Bezug auf die Konstante Lichtgeschwindigkeit veränderlich, also relativ, reagieren. Der jüdische Physiker, der 1933 in die USA emigrieren musste, erschloss den Menschen ein neues Bild des Universums.

Obwohl seine Forschungsergebnisse den Weg für die atomare Forschung bereiteten, war Einstein ein engagierter Pazifist und setzte sich nach 1945 stark gegen atomare Waffen ein.

Philosophie und Sprache

Die großen Denker des 20. Jahrhunderts beschäftigten sich nicht nur mit den Naturwissenschaften. Weitere große Themen waren die menschliche Gesellschaft und die Sprache.

Viele Intellektuelle waren der Meinung, dass die Konsumgesellschaft, der Bürokratismus und die zunehmende Technisierung den Menschen von seiner Umwelt entfremden und eine Oberflächlichkeit in jeder Beziehung fördern.

Theodor W. Adorno (1903–69) erhob den Vorwurf, dass der Mensch sich nicht wirklich weiterentwickle. Vor allem die Terrorherrschaft des Dritten Reichs (1933–45) und der Faschismus haben gezeigt, dass die Herrschaft des Verstandes den Mensch wieder in die Barbarei zurückfallen ließ. Adorno musste wegen seiner jüdischen Herkunft 1934 ins Exil gehen und kehrte erst 1949 nach Deutschland zurück. Ebenfalls ins Exil (Schweiz und USA) ging die »**Frankfurter Schule**« (Institut für Sozialforschung), die er mit **Max Horkheimer** (1895–1973) gegründet hatte. Weitere wichtige Vertreter dieser Schule, in der sich die Denker mit dem Marxismus und Freud auseinandersetzten und eine kritische Gesellschaftstheorie erarbeiteten, waren **Herbert Marcuse** (1898–1979), der Kulturtheoretiker **Walter Benjamin** (1892–1940) und der Psychologe **Erich Fromm** (1900–80).

Jürgen Habermas (geb. 1929) war Assistent Adornos und gilt als wichtigster jüngerer Vertreter der Frankfurter Schule. Er setzt sich sehr für das Bildungswesen ein und war mit seinen Forderungen nach Reformen geistiger Anreger der deutschen Studentenbewegung in den 1960er-Jahren. Habermas vertritt die Ansicht, dass die Wissenschaften sich nicht isoliert sehen dürfen, sondern im Zusammenhang mit dem alltäglichen Leben. Jede Wissenschaft habe eine Verantwortung und Aufgaben gegenüber der Gesellschaft. Jedes Erkennen sei von einem bestimmten Interesse geleitet, das in einer Demokratie offengelegt sein muss. Für die Diskussion um Kritik und Verständigung sei die Sprachkompetenz des Menschen äußerst wichtig. Das Gespräch sei eine Handlung, ein so genannter »Sprechakt«, bei dem bestimmte Regeln für eine ideale Verständigung sorgen, meint er.

Auch der Österreicher **Ludwig Wittgenstein** (1889–1951) beschäftigte sich mit der Sprache. Er sah die Philosophie als Sprachkritik und war der Meinung, dass eine Analyse der Sprache den Weltbezug schon beinhalte. Wörter und Sätze müssen einen klaren Sinn ergeben. Wittgenstein versuchte, eine formale Sprache zu entwerfen, die als Wissenschaftssprache dienen sollte. Die Welt bestehe aus Tatsachen, die wiederum aus Sachverhalten und diese aus Gegenständen. Die Gegenstände seien als Namen oder einfache Zeichen in der Sprache vertreten, Sachverhalte durch einfache Sätze dargestellt, die die Wirklichkeit abbilden. Komplexe Aussagen könne man auf ihren Wahrheitsgehalt überprüfen, indem man sie in ihre Elementaraussagen zerlege, war Wittgensteins These.

Später war Wittgenstein eher der Auffassung, dass man die Bedeutung eines Wortes erst kenne, wenn man wisse, wie es gebraucht wird. »Sprachspiele« nannte er die verschiedenen Gebrauchsweisen von Wörtern und Sätzen.

Quellen

Die philosophische Literatur wimmelt von Gedankenspielen. Philosophen bedienen sich dabei gern der Gedankenspiele ihrer Kollegen, und oft lässt sich schwer entscheiden, wer eigentlich der Schöpfer des jeweiligen Gedankenspiels war. Ich habe viele bekannte Beispiele aus der Geschichte der Philosophie vereinfacht und manches sicher unwissentlich übernommen. Im Namen der Aufrichtigkeit möchte ich zumindest diejenigen nennen, bei denen ich mich wissentlich bedient habe.

Das Gedankenspiel mit dem Tele-Transporteur wurde von Derek Parfit inspiriert, dessen ähnliche Geschichte in seinem Buch *Reasons and Persons* (Oxford, 1984) nachgelesen werden kann. Das Gefangenen-Dilemma, in diesem Fall mit Donner-Karlsson und Blom in den Hauptrollen, ist eine Geschichte, die beinahe unumgänglich ist. Diese und andere Aspekte der Entscheidungs- und Spieltheorie finden sich unter anderem in: *Choices: an Introduction to Decision Theory* (Minneapolis, 1993) von Michael D.

Resnik und *Soziales Handeln. Eine Einführung in die Philosophie der Sozialwissenschaften* (München, 1995) von Martin Hollis. Weder Hollis noch Resnik sind einem bestimmten Philosophen verpflichtet.

Williard Van Orman Quine ist der geistige Vater meiner verfälschten Version über »Gavagai«.

Über Anselm von Canterbury und seinen Gottesbeweis kann man in *Warum Gott Mensch geworden. Cur Deus Homo* (München, 1986) lesen. Von René Descartes stammt die Annahme eines bösen Geistes, der mich vielleicht nur glauben lässt, 7 plus 5 seien 12. Zu dem Argument, das sich auf die neun Öffnungen des menschlichen Körpers beruft, habe ich mich vom Astronomen Francesco Sizi inspirieren lassen. Den ursprünglichen »Beweis« kannst du in *Aspekte wissenschaftlicher Erklärung* (Berlin, 1977) von Carl G. Hempel nachlesen.

Das Gedankenspiel, das die Unendlichkeit des Kosmos veranschaulichen soll, stammt von Lucretius' Lehrgedicht *De Rerum Natura*. Über den Mythos von Sisyphos lese man am besten das gleichnamige Buch von Albert Camus. Meine Version ist eine Vereinfachung des Mythos, die sich an Richard Taylors Version orientiert. Dessen Abhandlung trägt den Titel *Livets mening (Der Sinn des Lebens)* und findet sich in der Anthologie *Frågor om livets mening (Fragen zum Sinn des Lebens.* Uppsala, 1984). Das Problem der Bestimmung des Geschlechts wird in Helena Bergströms Bericht *När kön är ett be-*

slutt (*Wenn das Geschlecht ein Beschluss ist.* Stockholm, 2001) behandelt.

Für den Überblick über die Philosophiegeschichte im Anhang wurden der *Schülerduden Philosophie,* hrsg. und bearbeitet von der Redaktion Schule und Lernen (Mannheim, 2002), der *dtv-Atlas zur Philosophie* von Peter Kunzmann, Franz-Peter Burkard und Franz Wiedmann (München, 1999) und die *Geschichte der Philosophie* von Christoph Helferich (Stuttgart, 1992) herangezogen.

Reiner Engelmann

Schulgeschichten aus aller Welt

144 Seiten ISBN-10: 3-570-21717-5
ISBN-13: 978-3-570-21717-7

Die bunte Sammlung schickt alle Neugierigen auf eine aufregende Entdeckungsreise durch die Klassenzimmer dieser Welt: Bei Juan aus Argentinien steht heute »Olivenernte« auf dem Stundenplan, im finsteren nordischen Winter machen sich die Kinder mit dem Schlitten auf den Schulweg. Und in Burkina Faso wird unter einem Wellblechdach unterrichtet. Wieder anders ist es bei Greg in Neuseeland. Ihm werden die Hausaufgaben mit dem Hubschrauber gebracht!

5316

omnibus

www.omnibus-verlag.de